Liebe Leserinnen, liebe Leser!

Die Einladung, einmal ein Surfbrett auf der berühmten Eisbachwelle zu reiten, nahm der Münchner Fotograf ***Thomas Linkel*** *angstfrei an. Der Ritt dauerte weniger als eine Sekunde.*

Margit Kohl *ist zwar viel in der Welt unterwegs, lebt aber schon seit Studienzeiten in ihrer Wahlheimat München. Hier leitete sie lange Jahre den Reiseteil der Süddeutschen Zeitung und war danach als Mitglied der Chefredaktion für die Reisemagazine des ADAC verantwortlich.*

„Es gibt nur zwei Städte, in denen man leben kann: Rom und München," konstatierte einst Henrik Ibsen, und Ernest Hemingway meinte: „Fahren Sie gar nicht erst woanders hin, ich sage Ihnen, es geht nichts über München." Den Eindruck kann man tatsächlich bekommen, wenn man sich diesen DuMont Bildatlas anschaut. Der Fotograf Thomas Linkel hat seine Heimatstadt in stimmungsvollen Bildern festgehalten, zeigt die Stadt und ihre Bewohner von ihren besten Seiten, und die Fast-Münchnerin Margit Kohl liefert dazu die spannenden Hintergrundinfos, die mitunter selbst Münchner noch nicht kennen.

Alles am Fluss

Für Margit Kohl hat sich die Isar zu einer besonderen Attraktion der bayerischen Metropole entwickelt. Seit der Renaturierung stellt der Fluss, der auf etwa 14 km die Stadt durchzieht, einen enormen Freizeitwert für die Münchner dar. Hier trifft man sich zum Baden und Chillen mit Freunden, spaziert am Ufer entlang oder erkundet Fluss und Stadt auf dem Isar-Radweg. Über den gelangt man übrigens auch schnell nach Schwabing, Au-Haidhausen oder nach Bogenhausen. Wen wundert's daher, dass wir der Isar in diesem DuMont Bildatlas ein eigenes Kapitel gewidmet haben.

Weltstadt oder Millionendorf?

München ist eine Stadt der großen Kunst mit weltbekannten Museen, vielbesuchten Kulturevents und herausragenden Theatern. Für eine wirkliche Weltstadt ist es aber eigentlich viel zu klein. Der Charme der bayerischen Metropole liegt nicht zuletzt am hier herrschenden Lebensgefühl, daran dass München großstädtisch und überschaubar zugleich ist und dass es nur ein Katzensprung bis in herrlichste Berg- und Seenlandschaften ist. Zu diesem Ergebnis kommt übrigens auch Herzog Franz von Bayern. Margit Kohl hat mit dem Chef des Hauses Wittelsbach ein Interview geführt (S. 56 ff.), das ich Ihnen besonders ans Herz legen möchte.

Herzlich

Ihre

Birgit Borowski

Birgit Borowski
Programmleiterin DuMont Bildatlas

44 Stadt der Künste: Musik, Theater, Kunst und Kultur – was darf es denn sein?

74 Stadt und Natur: Münchens Englischer Garten ist größer als der New Yorker Central Park.

38 Weltstadt München: Im Hofgarten der Residenz geht es gern mediterran-fröhlich zu.

Impressionen

Altstadt und Zentrum

Kunst und Kultur

Isarflimmern

UNSERE FAVORITEN

BEST OF ...

Anhang

Ausgehen und Feiern

Raus aus der Stadt

DuMont Aktiv

Genießen Erleben Erfahren

Maßstab 1:120.000
0 1 2km
Dachauer Moos
Hebertshausen
DACHAU
ETZENHAUSEN
POLLN
KZ-Gedenkstätte
DACHAU-OST
OBERMOOS-SCHWAIGE
Schloss Dachau
Karlsfeld
Rothschwaige
Würmkanal
Waldschwaigsee
Gröbenried
Riedmoos
Badersfeld
Obergrashof
Olympia-Ruderregattastrecke
UNTER-SCHLEISSHM.
Oberschleißheim
Lohhof
Mittenheim
Lustheim
Neues Schloss
Gartenschloss
Hochmutting
Flugzeugmuseum
Hochbrück
Eching
Hollern
Dietersheim
Zwillingshof
Garching-Nord
GARCHING bei München
Fischerhäuser
Dirnismaning
Ismaning
BMW-Versuchsgelände
Speichersee
Fischteiche
Sisi-Straße
Kreuz München-Nord
M.-Fröttmaning-Süd
Unterföhring
Feringasee
Aschheim/Ismaning
HASENBERGL
FELDMOCHING
HARTHOF
Neuherberg
Allianz Arena
Fröttmaning
GROSSLAPPEN
Dreieck M-Feldmoching
FASANERIE NORD
LUDWIGSFELD
M-Ludwigsfeld
ALLACH
Dr.-M-Allach
Kreuz M-West
UNTERMENZING
Sankt Martin
OBERMENZING
M-Obermenzing
Pippinger Flur
Lochhausen
Schloss Blutenburg
Schloss NYMPHENBURG
MOOSACH
GERN
NEUHAUSEN
MILBERTSHOFEN
BMW-Welt
Olympiaturm
Olympiastadion
Sea Life
SCHWABING
M-Schwabing
M.O.C.
FREIMANN
M-Freimann
M-Frankfurter Ring
MÜNCHEN
JOHANNESKIRCHEN
OBERFÖHRING
Aschheim
Feldkirchen
Dornach
ENGLSCHALKING
Trabrennbahn
DAGLFING
RIEM
BOGENHAUSEN
Alte Pinakothek
Frauenkirche
Englischer Garten
Carl-Palais
Hofbräuhaus
HAIDHAUSEN
Gasteig
Asamkirche
Theresienwiese
Deutsches Museum
St. Margaret
RAMERSDORF
M-Steinhausen
M-Zamdorf
M-Daglfing
Feldkirchen-West
Neue Messe
M-Am Moosfeld
M-Riem
KIRCHTRUDERING
Salmdorf
Gronsdorf
BERG AM LAIM
STRASSTRUDERING
LOCHHAM
PASING
LAIM
Gräfelfing
M-Blumenau
M-Laim
M-Sendling
M-Sendl.-Süd
GROSSHADERN
Martinsried
Planegg
FÜRSTENRIED
Neuried
SENDLING
THALKIRCHEN
Stadion Grünw. Str.
Tierpark Hellabrunn
GIESING
M-Ramersdorf
M-Kreuzhof
M-Perlach
FASANGARTEN
PERLACH
NEUPERLACH
WALDTRUDERING
WALDPERLACH
Solalinden
Oedenstockach
Putzbrunn
FORSTENRIED
Hl. Kreuz
SOLLN
MAXHOF
M-Fürstenried
WARNBERG
Pullach im Isartal
Forstenrieder Park
Höllriegelskreuth
Großhesselohe
Burg Schwaneck
Bavaria Filmstadt
Geiselgasteig
Grünwald
Burg Grünwald
Perlacher Forst
Unterhaching
Am Wald
Alpenbauer Sportpark
Neubiberg
Ottobrunn
RIEMERLING
Ottosäule
Unterhaching-O
Winning
Taufkirchen
Taufkirchen-O
Potzham
Oberhaching
Furth
Deisenhofen
Kelten-schanze
Laufzorn
Grünwalder Forst
Sauerlach
Kreuz München-Süd
Waldbrunn
Ottobrunn
Neukirchstockach
Kirchstockach
Hohenbrunn
Wächterhof
Höhenkirchen-Siegertsbrunn
Baierbrunn
Buchenhain
Oberdill
Frundsbergerhöhe
Schorn

Topziele

Die bedeutendsten Sehenswürdigkeiten der Stadt und Erlebnisse, die Sie keinesfalls versäumen sollten, haben wir auf dieser Seite zusammengestellt. Auf den Infoseiten sind diese Highlights jeweils als **TOPZIEL** *gekennzeichnet.*

KULTUR

1 **Kunstareal:** Zum Museumsviertel gehören 18 Top-Museen. **Seite 62**

2 **Residenz:** Drei Hauptgebäudegruppen, sechs Höfe, Festsäle, Profanbauten, Museen und Theater bilden das größte Innenstadtschloss Deutschlands. **Seite 42**

3 **Asamkirche:** Ein Schmuckkästchen des Rokoko inmitten der Fußgängerzone. **Seite 41**

4 **Schloss Nymphenburg:** Ludwig I. hinterließ die berühmte Schönheitsgalerie, Ludwig II. wurde hier geboren. **Seite 42**

4

5 **Frauenkirche:** Der spätgotische Backsteindom mit seinen berühmten welschen Hauben zählt zu den Wahrzeichen der Stadt. **Seite 41**

NATUR

6 **Englischer Garten:** Nach dem Vorbild englischer Landschaftsgärten angelegt, ist der Münchner Stadtpark einer der größten der Welt. **Seite 81**

7 **Isarauen:** Die Isar fließt mitten durch die Stadt. In die Isarauen kommt man zum Baden, Grillen und Radln. **Seite 79**

ERLEBEN

8 **Oktoberfest:** Das Münchner Oktoberfest ist die größte Party der Welt. **Seite 95**

9

9 **Hofbräuhaus:** Gemütlich bei Volksmusik eine Maß im berühmtesten Wirtshaus der Welt zu trinken, darf bei keinem Münchenbesuch fehlen. **Seiten 41, 95**

10 **Deutsches Museum:** In einem der größten Museen für Technik und Naturwissenschaften animieren rund 30000 Exponate zum Staunen und Ausprobieren. **Seite 80**

11 **Marienplatz:** Im Herz der Stadt ist immer was los: Touristen vorm Glockenspiel, Einheimische, die sich am Fischerbrunnen verabreden, und Straßenmusiker in der Fußgängerzone. **Seite 41**

12 **Allianz Arena:** In diesem beleuchtbaren Tempel des Fußballs spielt der FC Bayern seine Heimspiele. **Seite 96**

11

5

Im Lauf der Zeit

Nein, auch in München gehen die Uhren nicht anders als anderswo, aber wenn es etwas typisch Münchnerisches gibt, dann ist das die Fähigkeit, auch mal einen Gang zurückzuschalten, um sich Zeit zu nehmen für die schönen Dinge des Lebens. Ein Spaziergang im Englischen Garten gehört da unbedingt dazu, vorbei am Monopteros, einem 1836 errichteten ionischen Tempel. Und vielleicht ist man ja auch mit dem Surfbrett unterm Arm unterwegs zur Stauwelle im Eisbach.

Stadt der Musen und Museen

Wo einst der vor allem als Porträtmaler zu hohem Ansehen gelangte Franz von Lenbach (1836–1904) residierte, findet man heute die weltweit größte Sammlung mit Werken des „Blauen Reiter“ – sowie im Foyer des generalsanierten und erweiterten Museumsbaus Olafur Eliassons von der Decke herabhängende Installation „Wirbelwerk“.

OSRAM HELL WIE DER LICHTE

Glitzerndes Rondell

Dass „München leuchtet(e)“, bezog Thomas Mann in seiner im Jahr 1903 veröffentlichten Erzählung „Gladius Dei“ auf den „Himmel von blauer Seide“ und die blühende Kunst. Hier gebe es einen treuherzigen „Kultus der Linie des Schmuckes, der Form, der Sinne, der Schönheit …“, meinte der Autor, und mit Blick auf den nächtlich illuminierten Karlsplatz möchte ihm wohl auch so viele Jahre später niemand widersprechen.

Ein Fest der Superlative

Selfie gefällig? Doch, auf dem Münchner Oktoberfest muss man (auch frau) schon mal gewesen sein. Woran das liegt? In erster Linie an der einzigartigen Stimmung in Bierzelten wie hier der Augustiner Festhalle. Und wer das Glück hat, darin einen Platz zu ergattern, dem können erstmal alle Superlative dieses größten Volksfestes der Welt herzlich egal sein. Dann geht es nur noch ums Genießen: Nicht umsonst stößt man hier traditionell „auf die Gemütlichkeit" an. Prosit!

An Tagen wie diesen ...

... fährt man am besten hinauf zur Aussichtsplattform des insgesamt 291,28 Meter hohen Olympiaturms und genießt den Blick über die bayerische Metropole. Das von der genialen Zeltdachkonstruktion des Architekturbüros Behnisch & Partner überspannte Olympiastadion fasst rund 80 000 Zuschauer und dient heute vor allem als Riesenbühne für Rock, Pop & Co.; Fußball wird in der Allianz Arena in München-Fröttmaning gespielt.

Mobile Welt(en)

Vom Olympiapark getrennt nur durch den Mittleren Ring, eine der Hauptverkehrsachsen der Stadt, steht die nach Entwürfen des Wiener Büros Coop Himmelb(l)au entworfene BMW Welt, ein futuristisch anmutendes Erlebniszentrum rund um die automobile Welt, in dem man nicht nur schöne Autos bestaunen, sondern auch hervorragend essen gehen und exzellente Kulturveranstaltungen erleben kann.

Ein Tag am See

Vielleicht das Schönste an München ist gar nicht mal die Stadt selbst, sondern vielmehr ihre Lage. In welcher Himmelsrichtung auch immer man sich aus der Stadt heraus bewegt: Überall lockt eine verführerisch schöne Natur. Hier befinden wir uns an den Gestaden des Tegernsees – knapp 50 Kilometer südlich der Landeshauptstadt gelegen und ein ideales Refugium für urbane Fluchten.

Die schönsten Ausblicke

Im Höhenrausch

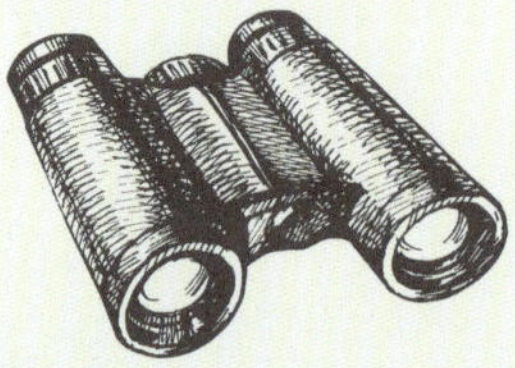

Schwindelfrei sollte schon sein, wer zu Münchens schönsten Ausblicken ganz nach oben will: Von historischen Kirchtürmen, modernen Rooftop-Bars und Cafés bis hin zu mondänen Poolterrassen und dem begehbaren Dach des Olympiageländes hat man die beste Sicht auf die bayerische Landeshauptstadt.

6

2

10

1 Alter Peter

Fit im Treppensteigen muss man schon sein, wenn man auf den 91 m hohen Turm des Alten Peter steigen will. Vorbei an der ältesten Glockenstube der Stadt, erreicht man nach 306 Stufen die offene Aussichtsplattform. Aber der Aufstieg lohnt sich: Von hier hat man einen hervorragenden Blick auf die Frauenkirche, die Dächer der Altstadt und bei Föhn sogar bis zu den Alpen.

Rindermarkt 1,
80331 München,
Tel. 089 21 02 37 76-0,
www.alterpeter.de

2 Olympiagelände

Während einer Expedition auf dem weltberühmten Zeltdach des Olympiastadions erfährt man nicht nur Spannendes über dessen Architektur: Gesichert mit Seilen und Karabinern, lässt sich auch der Blick auf München genießen. Höher hinauf geht's dann nur noch im Olympiaturm, dem mit insgesamt 291,28 m höchsten Gebäude der Stadt.

Olympiapark München,
Spiridon-Louis-Ring 21,
80809 München,
Tel. 089 30 67-0,
www.touren-olympiapark.de

3 Mandarin Oriental

Im China Moon auf der Dachterrasse des Hotels Mandarin Oriental kann man unter freiem Himmel asiatische, mediterrane und arabische Gerichte genießen oder als Hotelgast auch eine Runde im Pool schwimmen. Korbstühle, Pflanzen und orientalische Statuen setzen asiatische Akzente im phänomenalen Münchner Skyline-Blick.

Mandarin Oriental,
Neuturmstraße 1,
80331 München, Tel. 089 290 98 18 96, www.mandarinoriental.de/munich

4 Kaufhaus Oberpollinger

Ein Szene-Treffpunkt ist die Terrasse des Selbstbedienungsrestaurants Le Buffet auf dem Dach des Kaufhauses Oberpollinger nicht, aber für eine Verschnaufpause beim Shoppen in der Kaufinger Straße ideal: Entspannung pur nach dem Einkaufsmarathon mit Blick auf den Alten Botanischen Garten, Justizpalast und Lenbachplatz.

Neuhauser Straße 18,
80331 München,
Tel. 089 29 02 45 97,
www.oberpollinger.de

5 Bayerischer Hof

Auf der Blue Spa Terrasse im Hotel Bayerischer Hof serviert man den Gästen Gerichte aus der hauseigenen Spa-Küche. Manchmal sitzen hier auch externe Day-Spa-Gäste im Bademantel und genießen zwischen zwei Saunagängen im Wellnessbereich eine Etage tiefer einen Cocktail. Und alle erfreuen sich am Blick über die Stadt.

Hotel Bayerischer Hof,
Promenadeplatz 2–6,
80333 München,
Tel. 089 21 20-930,
www.bayerischerhof.de

6 Technische Universität

In den Räumen des Selbstbedienungs-Cafés im Vorhoelzer Forum an der Technischen Universität geht es locker und studentisch zu. Der 360-Grad-Ausblick auf der riesigen Dachterrasse der Architekturfakultät ist einer der schönsten der Stadt. Von hier oben hat man einen wunderbaren Blick auf die benachbarten Pinakotheken und den Königsplatz.

Arcisstraße 21,
80333 München,
Tel. 0163 152 47 58,
www.vf.ar.tum.de

7 Flushing Meadows

Neben den Gästen des schick designten Hotels Flushing Meadows, die hier oben idyllisch frühstücken können, sitzen auch gerne Münchner auf der schmalen Terrasse der stylischen Rooftop-Bar, von der man einen tollen Blick über die Dächer des Glockenbachviertels und die Maximiliankirche hat.

Fraunhoferstraße 32,
80469 München,
Tel. 089 55 27 91 70,
www.flushingmeadowshotel.com

8 Deutsches Museum

Auf dem Sonnenuhrengarten gibt es für Besucher des Deutschen Museums eine Aussichtsterrasse. Regelmäßig um 14.00 Uhr werden hier kostenlose Terrassenführungen angeboten. Von hier oben hat man einen wunderbaren Blick auf die Skyline der Innenstadt. Eine Turmauffahrt ist wegen Renovierung erst ab 2019 wieder möglich.

Museumsinsel 1,
80538 München,
Tel. 089 21 79-333,
www.deutsches-museum.de

9 Café Ruffini

Etwas abseits des Szenerummels ist die Dachterrasse des Ruffini in Neuhausen ein Platz, an dem sich viele gerne zum Sonntagsbrunch treffen. Vom ersten Stock aus reicht der Blick zwar nicht bis zu den Alpen, aber auf die kleinen Häuschen des idyllischen Stadtviertels. Für die hausgemachten Kuchen ist das Café stadtbekannt, sodass manche ihr Frühstück am Wochenende gerne bis zum Nachmittag ausdehnen.

Orffstraße 22–24,
80637 München,
Tel. 089 16 11 60,
www.ruffini.de

10 Deutsche Eiche

Die Traditionsgaststätte Deutsche Eiche in der Nähe des Gärtnerplatzes ist einer der ältesten Treffpunkte der Schwulen- und Lesbenszene in München. Rainer Werner Fassbinder zählte hier einst zu den Stammgästen, auch heute mischt sich die Münchner Kulturszene stets rege unter das Publikum. Die Dachterrasse lockt mit einem grandiosen 360-Grad-Rundumblick.

Reichenbachstraße 13,
80469 München,
Tel. 089 23 11 66-0,
www.deutsche-eiche.de

Herz ist Trumpf

Bei einem Spaziergang durch die Altstadt und das Zentrum lassen sich viele typische Münchner Momente erleben. Zu entdecken aber gibt es noch viel mehr: Unterwegs zu den schönsten Seiten der Stadt erfährt man neben viel Kuriosem auch einiges über die Lebensart der Einheimischen und jener, die es werden wollen.

Ein Tänzchen in Ehren kann niemand verwehren, auch nicht hier im zentralen Pavillon des zur Residenz gehörenden Hofgarten.

Münchner Perspektiven: Herz der Stadt ist der Marienplatz mit dem Neuen Rathaus (und den Türmen der Frauenkirche im Hintergrund).

„Gemessen am Wiener Grant ist der Münchner Grant fast noch eine Freundlichkeit."

Sigi Zimmerschied

München ist in erster Linie ein Zustand, verbunden mit einem ganz speziellen Lebensgefühl. Die Münchner können mit Bravour Autos bauen, Fußball spielen und vor allem Feste feiern. Bei Umfragen zählt ihre Stadt immer wieder zu den beliebtesten der Republik. Das führt bei vielen zu einem schier unerschütterlichen Selbstverständnis, das auch in dem Spruch „Mia san mia!" („Wir sind wir!") zum Ausdruck kommt, den zum Beispiel der FC Bayern gern auf seine Fan-Trikots drucken lässt.

Ein solches Selbstverständnis macht vor nichts und niemandem Halt, auch nicht vor „der Obrigkeit". Das musste schon Ludwig I. erfahren, als das königliche Gespann Anfang des 19. Jahrhunderts von einer noch viel prächtigeren Kutsche überholt wurde. In dieser saß der Kutscher Franz Xaver Krenkl, der dem König ein freches „Wer ko, der ko!" („Wer kann, der kann!") zurief.

Verbunden wird dieses Selbstverständnis mit der ihrerseits urmünchnerischen Taktik des vorbeugenden Auftrumpfens. Mit ihr will sich der Münchner abgrenzen vom „Zuagroasten" (dem Zugezogenen), der gerne selbst ein Münchner wäre (und sich auch schnell so nennt), aber noch lange kein echter Münchner ist. Das ist nur mehr jeder dritte Münchner: ein echtes, auch wirklich in München geborenes Kindl.

Munichen, oder: Wie alles anfing

Die Ironie der Geschichte aber will es, dass ausgerechnet ein Zuagroaster für die Stadtgründung verantwortlich war: Heinrich der Löwe aus dem Geschlecht der Welfen, der nicht nur als Herzog von Sachsen, sondern ab dem Jahr 1156 auch als Herzog von Bayern herrschte. Zwei Jahre später, 1158, ließ er – um den lukrativen Salzhandel auf sein Hoheitsgebiet umzuleiten – isarabwärts eine Brücke niederbrennen und etwa an der Stelle der heutigen Ludwigsbrücke eine neue errichten. So entstand eine neue Siedlung: Munichen – der Name leitet sich ab von den Mönchen, die bereits seit dem 8. Jahrhundert hier lebten.

(K)ein Griff ins Klo?

Kurios ist selbst für Einheimische auch der Fakt, dass das älteste Bauwerk der Stadt nicht etwa eine Kirche oder ein Festungsbau ist – sondern ein antikes Klo, in dem man auf Keramikstücke aus dem 11. Jahrhundert stieß. Entdeckt wurden diese im Jahr 2011 bei Grabungen für einen zweiten S-Bahn-Tunnel am Marienhof gleich hinter dem Rathaus. Eine Sternstunde der Stadtarchäologie: Belegen die Scherben aus der Latrine doch,

Modellstadt München: Auf dem Frauenplatz vor der Frauenkirche vermittelt das Bronzemodell der Innenstadt von Egbert Broerken auch Sehbehinderten einen haptischen Eindruck von der nahen Umgebung.

Im Spielwerkserker des Neuen Rathauses am Marienplatz erklingt täglich um 11.00 und 12.00 Uhr (von März bis Oktober auch um 17.00 Uhr) ein Glockenspiel.

Weitblick verspricht der die Altstadt gleich hinter dem Marienplatz überragende Turm der Peterskirche, der von den Münchnern nur „Alter Peter" genannten ältesten Pfarrkirche Münchens.

Rechts: Noch fast vollständig erhalten ist das in den Jahren 1285 bis 1347 am östlichen Ende des ehemals vom Marienplatz abfallenden Tals errichtete Isartor. Unten: Shoppingflair in der südwestlich vom Marienplatz wegführenden Sendlinger Straße.

Am Viktualienmarkt: Seit mehr als 200 Jahren werden hier „Viktualien" (Lebensmittel) feilgeboten, wozu in Bayern traditionell auch Bier gezählt wird.

Karlsplatz oder Stachus? Egal, wie man ihn nennt, das dem Karlstor vorgelagerte Rondell ist ein idealer Treff- und Ausgangspunkt für den Altstadtbummel.

„Fahren Sie gar nicht erst woanders hin, ich sage Ihnen, es geht nichts über München."

Ernest Hemingway

dass einige Viertel Münchens vermutlich weit älter sind, als bisher angenommen.

Sehen und gesehen werden

Am Marienplatz mittags um 12.00 Uhr erkennt man echte Münchner sofort daran, dass sie sich zügig und manchmal etwas grantelnd einen Weg durch die Touristenmassen bahnen. Während alle Besucher wie hypnotisiert zum Turm des Neuen Rathauses hinaufstarren, würdigen echte Münchner das dortige Glockenspiel mit seinen tanzenden Schäfflerfiguren keines Blickes. Zum Rathausbalkon schauen sie allenfalls auf, wenn sich droben die Spieler vom FC Bayern für einen gewonnenen Meisterschaftstitel feiern lassen und der Rest der Republik mal wieder über die Arroganz des FC Hollywood lästert.

Dabei ist das Gebäude selbst schon ein Kuriosum: Die meisten Touristen halten es für ein Meisterwerk der Gotik, dabei wurde es erst im Jahr 1909 im neugotischen Stil fertig gestellt. Auf Echtheit kommt es hier allerdings weniger an als auf den Gesamteindruck. Was auch für die Stadt als Ganzes gilt: „Fahren Sie gar nicht erst woanders hin, ich sage Ihnen, es geht nichts über München", riet einst schon Ernest Hemingway.

Vom Geld- zum Bierbrunnen

Wer knapp bei Kasse ist, kommt am besten am Aschermittwoch zum Fischbrunnen direkt vors Rathaus, um es dem Oberbürgermeister und seinem Stadtkämmerer gleichzutun. Die waschen nach altem Brauch jedes Jahr ihre leeren Geldbeutel im eiskalten Brunnenwasser. Viele Münchner machen das auch, denn durch den Waschvorgang soll einem das ganze Jahr über das Geld nicht ausgehen. Zumindest bei den Stadtoberen hat es bislang aber noch nicht funktioniert, auf diese Weise die städtische Kasse zu füllen.

Was hingegen mit Sicherheit klappt, ist ein anderer Brauch, der Jahr für Jahr am 23. April gefeiert wird: Zum Tag des Bieres sprudelt Freibier aus einem Brunnen vor dem Brauhaus des Bayerischen Brauerverbandes. Und nicht zu knapp: 1000 Liter fließen über eine ansonsten Wasser zuführende, nun aber mit einem im Keller des Brauhauses aufgestellten Bierfass verbundene Leitung in den Brunnen. Mit einem frisch gezapften Bier stößt man dann zur Feier des Tages auf das am 23. April 1516 in Ingolstadt erlassene Reinheitsgebot an, welches schon seit mehr als 500 Jahren garantiert, dass ins bayerische Bier nur Wasser, Hopfen und Gerste kommen.

Alle guten Düfte dieser Welt: Die Parfümerie Brückner wurde im Mai 1893 in der Rosenstraße gegründet und gehört heute zu den in bestem Ruf stehenden ehemaligen königlich bayerischen Hoflieferanten.

Glücksrituale

Kurz vor der Residenz kann man seinem Glück dann vielleicht doch noch auf die Sprünge helfen. Vor dem Eingang stehen vier bronzene Löwen mit blank gescheuerten Nasen. Wer im Vorbeigehen eine der Schnauzen am unteren Ende eines mächtigen Schildes berührt, den soll das Glück den Rest des Tages begleiten.

Dass ausgerechnet diese Löwenschnauzen als Glücksbringer gelten, ist einem Münchner Studenten zu verdanken: Der hatte im Jahr 1848 einen Schmähbrief über Lola Montez, die Geliebte Ludwigs I., verfasst und ihn an der Residenz platziert. Der verärgerte König lobte ein Kopfgeld aus, worauf sich der junge Mann freiwillig meldete, was den Monarchen so beeindruckte, dass er den Studenten begnadigte und ihm auch noch das ausgelobte Kopfgeld überließ. Beim Verlassen der Residenz soll der junge Mann vor Glück so ins Taumeln gekommen sein, dass er sich an einer der Löwenschnauzen festhalten musste.

Ob das seither gern gepflegte Ritual auch anderen Glück zu bringen vermag, ist wohl eine Glaubensfrage. Sollte es mal nicht klappen, kann das auch daran liegen, dass die Schlösserverwaltung die Originale ins Museum schaffen und durch Repliken ersetzen ließ. Vielleicht wollte man noch schnell ein wenig Glück

Special

Traditionsgeschäfte

Die Königlichen

In der Hofpfisterei am Viktualienmarkt.

Seit dem Jahr 1806 gelten königlich bayerische Hoflieferanten als Garanten bester Qualität.

Mit dem Titel eines königlich bayerischen Hoflieferanten durfte sich zur Zeit der Monarchie von 1806 bis 1918 nur eine ausgewählte Gruppe von Handwerkern oder Geschäftsinhabern schmücken. Die Gunst des Königshauses war Ansporn, eine hohe gleichbleibende Qualität zu garantieren, was bald auch immer mehr bürgerliche Kunden in die Geschäfte lockte. Mit der Monarchie war es 1918 vorbei, die Firmen blieben, wenn auch nurmehr als ehemalige königlich-bayerische Hoflieferanten. Ein paar Dutzend solcher Betriebe gibt es noch in der Stadt.

Spezialitäten aus aller Welt findet man im Delikatessenhaus Alois Dallmayr. Das Stoffwarenhaus Radspieler lieferte einst einen Großteil der Ausstattung für die Märchenschlösser von Ludwig II. Der ökologische Bauernbrotbäcker Hofpfister war nicht nur Lieferant, sondern sogar Teil der Hofhaltung. Die Parfümerie Brückner & Bublitz lässt im südfranzösischen Grasse ihre eigenen Duftlinien produzieren und führt auch einen König-Ludwig-Duft im Sortiment. Auch die Konditorei Erbshäuser gehört dazu, in der einst zum 65. Geburtstag von Prinzregent Luitpold 1886 die Prinzregententorte erfunden wurde.

In all diesen Traditionsbetrieben war früher der König Kunde; heute soll hier der Kunde König sein.

In München zu Hause und weltweit aktiv: Seit mehr als 300 Jahren steht der Name Dallmayr für herausragende Produkt- & Servicequalität.

Art & Design: In der Porzellan Manufaktur Nymphenburg entstehen Porzellanobjekte und Kunstwerke nach Entwürfen zeitgenössischer Künstler.

Ed(uard) Meier in der Brienner Straße ist heute – neben seiner Markenbekleidung im anglobajuwarischen Stil – vor allem für seine maßgefertigten Schuhe bekannt.

für die Stadt bewahren, bevor es komplett weggestreichelt wird.

Mutige Drückeberger

Viele Flaneure ziehen von den Löwen gleich weiter durch die gegenüberliegende Viscardigasse, ohne zu wissen, dass sie bei Münchnern auch als Drückebergergasse bekannt ist. Daran erinnert heute nur mehr eine s-förmig geschwungene Bronzespur, die ein Künstler ins Kopfsteinpflaster eingelassen hat. Zur NS-Zeit war in unmittelbarer Nähe bei der Feldherrnhalle ein Denkmal mit einer SS-Ehrenwache aufgestellt, das an Hitlers gescheiterten Putschversuch 1923 erinnern sollte. Von den Passanten wurde als Ehrbezeugung der Hitlergruß erwartet. Wer das vermeiden wollte, bog an der Rückseite der Feldherrnhalle in die sogenannte Drückebergergasse ab und entging damit den wachsamen Augen der Schutzstaffel.

Gegen das Vergessen

Dass ausgerechnet München die Stadt war, die Hitler in Deutschland groß werden ließ, mochte man lange Jahre nicht groß thematisieren, da die offizielle Hauptstadt doch weit weg in Berlin lag. Dabei war keine andere Stadt so sehr mit dem Aufstieg des Nationalsozialismus verbunden wie München. Bereits nach dem Ersten Weltkrieg konnte sich mit Unterstützung von Bürgern, Verwaltung und Justiz aus antisemitischen und rechtsextremen Kreisen der Stadt die nationalsozialistische Bewegung etablieren. Deren Führer Adolf Hitler ließ hier die wichtigsten Organisationen der Partei wie SA, SS und HJ entstehen und versuchte erstmals im Jahr 1923 mit einem Putsch an die Macht zu gelangen. Aber erst 70 Jahre nach dem Kriegsende eröffnete in der Brienner Straße, in der Nähe des Königsplatzes am früheren Machtzentrum der Täter, ein NS-Dokumentationszentrum. Dieses steht nun exakt dort, wo einst die NSDAP-Zentrale untergebracht war, im „Braunen Haus“. Die Ausstellung geht unter anderem der Frage nach, warum ausgerechnet

Von oben nach unten: Kaufinger-, Theatiner- und Maximilianstraße sind beliebte Shoppingadressen. Rechte Seite: Auch das im historischen Herz der Stadt zwischen Marienplatz, Promenadeplatz, Salvatorplatz und Theatinerstraße angesiedelte CityQuartier Fünf Höfe lädt zum Bummeln und Shoppen ein – sowie zum Besuch der Hypo Kunsthalle mit ihren wechselnden Themen-Ausstellungen.

PATRIZIA PEPE
THEATER

Park und Schloss Nymphenburg: Auf – damals – freiem Feld im Westen der Stadt wurde ab dem Jahr 1664 das „Lusthauß Nymphenburg" als Sommerresidenz des bayerischen Kurfürstenpaars Ferdinand Maria und Henriette Adelaide von Savoyen errichtet.

München ist „ein Dorf, in dem Paläste stehen".

Heinrich Heine

München zur NS-Wiege wurde und wie man heute mit dieser Vergangenheit umgeht.

Bauen und bewahren

Im Zentrum sind heute wenige architektonische Bausünden der Nachkriegsjahre zu finden. Auf den ersten Blick wirkt die Stadt so, als sei sie von schweren Kriegsschäden verschont geblieben. Diesen Umstand verdankt München vor allem dem Architekten und Baubeamten Karl Meitinger (1882–1970). Denn wie viele deutsche Großstädte im Zweiten Weltkrieg wurde auch München zur Hälfte dem Erdboden gleichgemacht. Es gab sogar Pläne, die Stadt komplett aufzugeben und einen Neuanfang am Starnberger See zu wagen. Doch die Münchner identifizierten sich so stark mit ihrer Heimatstadt, dass der damalige Stadtbaurat Meitinger so viel historische Bausubstanz wie möglich bewahren oder im Sinne der Altstadt frei gestalten wollte. Um München seinen ursprünglichen Charakter zurückzugeben, ließ er viele alte Hausfassaden restaurieren und gleich dahinter neue Gebäude entstehen.

Nur nicht zu hoch hinaus

Bis heute ist man darauf bedacht, zum einen das alte Stadtbild zu erhalten und zum anderen doch auch der Moderne behutsam Raum zu geben. So haben in den vergangenen Jahren im Stadtzentrum zahlreiche qualitativ hochwertige Neubauten und Sanierungen wie das jüdische Zentrum am Sankt-Jakobs-Platz, die Hofstatt (eine Einkaufspassage), der Alte Hof, die Residenzpost, die Fünf Höfe, die Salvatorgarage oder die Siemenszentrale viel Aufmerksamkeit erregt.

München will hoch hinaus, nur nicht mit seinen Gebäuden. Denn nichts geht über die Frauenkirche. Per Bürgerentscheid beschlossen die Münchner, dass kein neues Gebäude höher sein darf als die Türme der Frauenkirche mit ihren knapp hundert Metern. Das gilt vornehmlich für die Altstadt. Prinzipiell wird jedoch über jedes einzelne Hochhaus entschieden, damit es nicht die Sicht auf bedeutende Wahrzeichen der Stadt beeinträchtigt.

Zusammenleben

Bisweilen fühlen sich die Münchner genötigt, ihre Stadt vor Anfeindungen zu verteidigen – besonders, wenn Freunde mit Vorurteilen im Gepäck zu Besuch kommen. Zu teuer, zu elitär, zu wenig weltstädtisch sei dieses München, meinen diese. Dabei hat sich München längst auch als Stadt der Willkommenskultur einen Namen gemacht und heute mit mehr als 27 Prozent einen der höchsten Ausländeranteile in Deutschland. Warum es dennoch relativ gut klappt

Links: Der Münchner Hofgarten entstand ab 1613 außerhalb der damaligen Grabenbefestigung zeitgleich mit den Neu- und Erweiterungsbauten der Residenz unter Herzog Maximilian I.

Darunter: Blick in die Ahnengalerie der Münchner Residenz.

Die Münchner Residenz war in den Jahren 1508 bis 1918 Wohn- und Regierungssitz der bayerischen Herzöge, Kurfürsten und Könige. Die für diese Residenz charakteristischen zehn Innenhöfe entstanden im Lauf der baulichen Erweiterungen jeweils als Anbindung neuer an die älteren Trakte. Einer davon ist dieser Brunnenhof im Antiquariumstrakt, in dem im 17. Jahrhundert höfische Turnierfeste stattfanden.

In der Schatzkammer der Residenz kann man auch die Kroninsignien des Königreichs Bayern bestaunen, die 1806 von Pariser Hofkünstlern Kaiser Napoleons angefertigt wurden.

Vorbild Florenz: Die am südlichen Ende des Odeonsplatzes, zwischen Theatiner- und Residenzstraße gelegene Feldherrnhalle wurde in den Jahren 1841 bis 1844 im Auftrag von König Ludwig I. erbaut.

Das Innere der katholischen Hof- und Stiftskirche St. Kajetan am Odeonsplatz, von den Münchnern nur Theatinerkirche genannt, ist farblich ganz schlicht in Weiß gehalten. Sie gehört zu den wichtigsten Grablegen der Wittelsbacher: In der Fürstengruft sind 49 Angehörige der bayerischen Herrscherfamilie beigesetzt, darunter vier Kurfürsten, drei Könige, Prinzregent Luitpold und Kaiser Karl VII.

Zierbrunnen vor der Ludwig-Maximilians-Universität, kurz LMU genannt: Hier setzt man – in den Worten ihres Präsidenten Professor Dr. Bernd Huber –„auf Weltoffenheit, Fantasie und zukunftsweisende Ideen".

„Es gibt nur zwei Städte, in denen man leben kann: Rom und München."

Henrik Ibsen

mit dem Zusammenleben, liegt zum einen daran, dass die Menschen aus insgesamt 180 verschiedenen Nationen stammen und die Stadt eine Ghettoisierung in reine Ausländerviertel bislang weitgehend vermieden hat.

Schicksal, Glück, Verdienst

Der Einheimische gilt bei Neu-Münchnern gern als Gschaftler (Wichtigtuer), der ihnen zum Beispiel erklärt, dass man hier nicht mit der Straßenbahn, sondern mit der Tram fährt, statt Brötchen oder Schrippen Semmeln bestellt und nicht auf die Wiese geht, wenn vom Oktoberfest die Rede ist, sondern auf d'Wiesn.

Wer mit den hiesigen Gebräuchen noch nicht so vertraut ist, der wundert sich auch darüber, warum die Einheimischen zum Karlsplatz lieber Stachus sagen. Was mit dem zivilen Ungehorsam der Münchner zu tun hat, die sich nicht damit abfinden wollten, dass der Kurfürst Karl Theodor im Jahr 1777 nach seiner Regierungsübernahme Plätze und Orte kurzerhand umbenannte, darunter auch den Karlsplatz.

Dass der ungeliebte Regent zudem noch ganz Bayern als Tauschobjekt den Österreichern vermachen wollte, war den Münchnern dann vollends zu viel. So gaben sie dem Karlsplatz den Spitznamen Stachus – nach dem nahegelegenen Wirtshaus eines gewissen Eustachius Föderl.

„Langsam begreife ich, was das ist, ein echter Münchner. Ein Glücksfall ist es, kein Zufall. Es ist Schicksal, Glück und eben doch Verdienst", erkannte schon Napoleon, als er im Jahr 1805 in München einzog.

Keine halben Sachen

München, das oft verspottete Millionendorf, hat mit der Weltmetropole New York City eines gemeinsam: Man liebt die Stadt – oder eben nicht. Dazwischen gibt es nichts, keine halben Sachen. Oskar Maria Graf zog im New Yorker Exil in Lederhosen durch die Bierlokale, um sein Heimweh zu lindern. Thomas Mann, dessen Wahlheimat die Stadt bis zu seiner Vertreibung durch die Nazis ins amerikanische Exil fast 40 Jahre lang war, schrieb 1955 an den damaligen Münchner Oberbürgermeister Thomas Wimmer: „Wann immer ich Münchner Laute höre, Münchner Tonfall, wird mir warm uns Herz." Wie sehr man München vermisst, merkt man erst, wenn man der Stadt den Rücken kehrt.

VON ASIEN BIS INS ALL

Münchner Weltsichten

In dieser Stadt muss keiner zwingend verreisen, um sich wie im Urlaub zu fühlen, schließlich bietet München eine große Auswahl an Plätzen und Parks, an und in denen man sich wie in fernen Ländern oder (im Planetarium) sogar wie im Weltall fühlen kann.

Vom Pavillon aus dem Hofgarten sind Violinen- und Celloklänge zu hören. Ein paar Musiker haben sich hier für ein kleines Konzert eingefunden. Ihre zauberhafte Musik untermalt eine noch zauberhaftere Kulisse mit ausgeprägtem italienischen Flair.

Una bella piazza

Entstanden ist der Hofgarten nach dem Muster italienischer Renaissancegärten, und auch auf dem angrenzenden Odeonsplatz könnte man Italien kaum näher sein. Die schattigen Stufen der Feldherrnhalle, die von zwei großen Löwenstatuen bewacht werden, sind an sonnigen Tagen ein beliebter Treffpunkt zum Ratschen und Eisschlecken. Der Bau selbst ist eine Nachbildung der Loggia dei Lanzi in Florenz, die Theatinerkirche nebenan wurde von zwei italienischen Architekten gebaut ... Münchens Mythos als nördlichste Stadt Italiens begann schon früh, auch wenn ihn erst Ludwig I. in großem Maßstab kultivierte.

Enjoy the park

Der von Beginn an als repräsentative Grünanlage für alle Bürger bestimmte Englische Garten gehört mit 375 Hektar zu den größten Parkanlagen der Welt. Im nördlichen Teil lässt im Sommer sogar ein Wanderschäfer seine 300 Schafe weiden. Bei seiner Gestaltung ließ sich Friedrich Ludwig von Sckell von englischen Landschaftsgärten inspirieren, und wem das immer noch nicht britisch genug ist, der kann auf einen High Tea im Victorian House einkehren.

Sayonara Japan

Tee, aber in völlig reduziertem Ambiente, wird auch im südlichen Teil des Englischen Gartens gleich hinter dem Haus der Kunst gereicht. Japanische Papierwände, Tatamimatten und gedämpfte Erdfarben bilden ein Refugium der Ruhe. Das japanische Teehaus „KanShoAn" liegt auf einer kleinen, vom Schwabinger Bach umflossenen Insel. Ein Großmeister der Urasenke-Teeschule in Kyoto stiftete das Teehaus anlässlich der Olympischen Sommerspiele 1972 als Zeichen der deutsch-japanischen Freundschaft.

Salve Isar-Athen

Wer sich auf dem monumentalen Königsplatz niederlässt, taucht tief ein in die Geschichte des von Ludwig I. in Auftrag gegebenen Isar-Athen. In der Glyptothek und der Antikensammlung ist jahrtausendealte Kunst ausgestellt, die Propyläen entstanden in Anlehnung an die Athener Akropolis. Die Tiefseebasis, von der einst das Raumschiff „Orion" in der Fernsehserie „Raumpatrouille" startete, war der leere Königsplatz. Wem ein realer Flug ins Weltall zu teuer ist, der kann im Planetarium und in der Sternwarte des Deutschen Museums durch die unendlichen Weiten des Weltalls reisen.

Oben: das Japanische Teehaus im Englischen Garten. Unten: Im Hofgarten herrscht mediterranes Flair – Bocciaspieler inklusive.

Oben: die thailändische Sala mit Buddhastatue im Westpark. Linke Seite: Nachts auf dem Königsplatz – Isar-Athen tanzt.

Fakten & Informationen

Klassik am Odeonsplatz: www.klassik-am-odeonsplatz.de
Englischer Garten: www.schloesser.bayern.de (Wanderschäfer: www.schafe-im-netz.de, Victorian House: www.victorianhouse.de, Japanisches Teehaus: www.urasenke-muenchen.de).
Königsplatz: www.antike-am-koenigsplatz.mwn.de
Planetarium & Sternwarte: wwww.deutsches-museum.de
Außerdem sehenswert: die thailändische Sala und Buddhastatue am See im Westpark (Relikte einer Gartenschau, zu Buddhas Geburtstag feiert man hier das Vesakh-Fest, www.vesakh-muenchen.de), die russische Kapelle mit Bauerngarten und Holzhäusern von Väterchen Timofej beim Olympiapark (www.ost-west-friedenskirche.de).

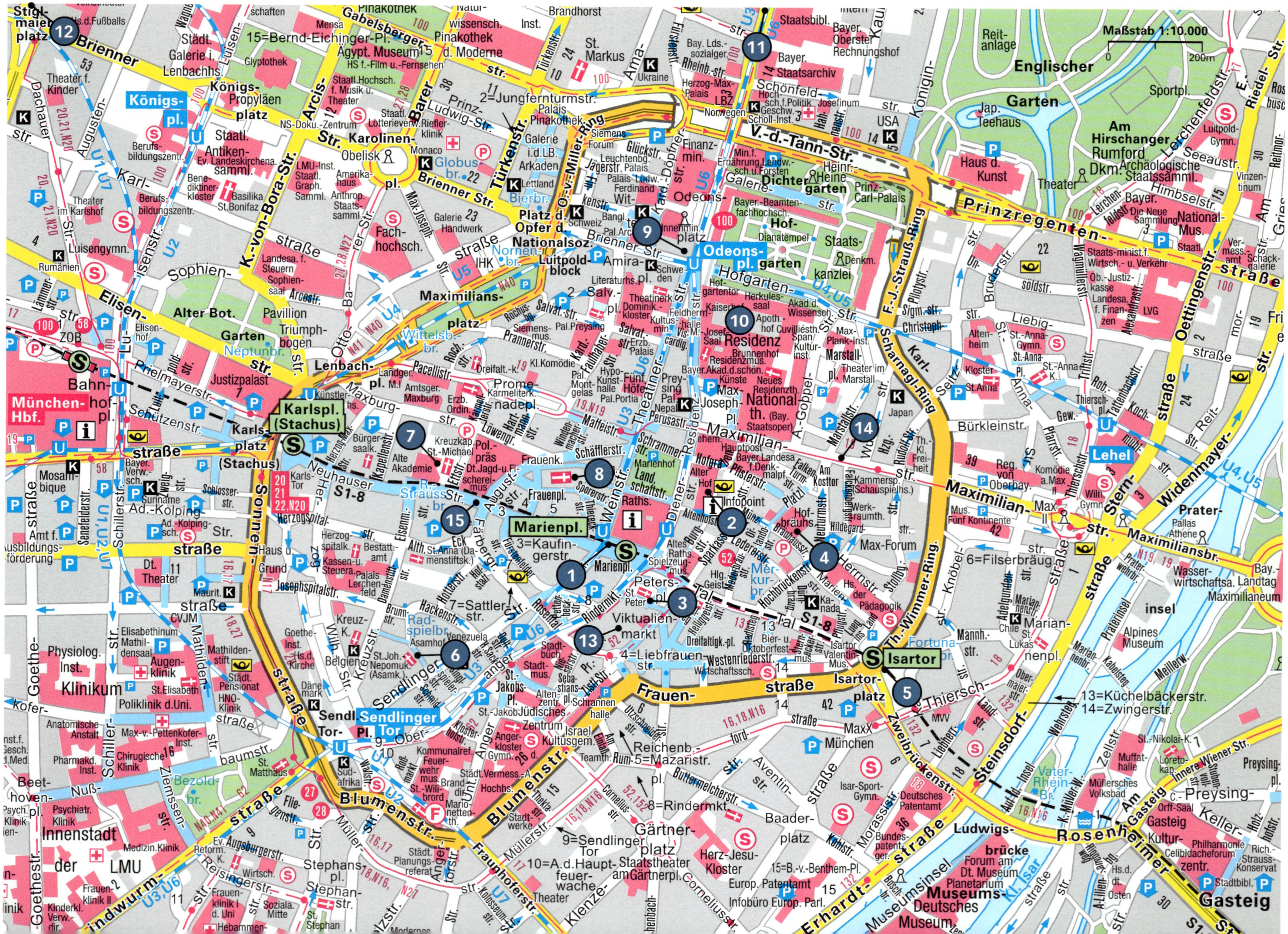

Maßstab 1:10.000
0
200m
Englischer
Garten
Reit-
anlage
Sportpl.
Jap.
Teehaus
Am
Hirschanger
Rumford
Dkm.
Archäologische
Staatssamml.
Haus d.
Kunst
Theater
Prinzregenten-
straße
Oettingenstr.
Widenmayer-
Lehel
Stern-
Maximilianstr.
Maximilianeum
Alpines
Museum
Prater-
insel
Steinsdorf-
Isar
Ludwigs-
brücke
Museums-
insel
Deutsches
Museum
Forum am
Dt. Museum
Planetarium
Rosenheimer
Gasteig
Preysing-
Erhardt-
Zweibrückenstr.
Isartor
Isartor-
platz
Th.-Wimmer-Ring
Frauen-
straße
Blumenstr.
Fraunhoferstr.
Sendlinger
Tor
Sendl.
Tor-
Pl.
Marienpl.
3=Kaufin-
gerstr.
Marienpl.
Viktualien-
markt
4=Liebfrauen-
str.
6=Filserbräug.
7=Sattler-
str.
8=Rindermkt.
9=Sendlinger
Tor
10=A.d.Haupt-
feuer-
wache
13=Küchelbäckerstr.
14=Zwingerstr.
15=Bernd-Eichinger-Pl.
2=Jungfernturmstr.
5=Mazaristr.
Gärtner-
platz
Staatstheater
am Gärtnerpl.
Herz-Jesu-
Kloster
Max-Forum
Hofbräuhaus
Infopoint
Raths.
Residenz
National
th.
Max-
Joseph-
Pl.
Odeons-
pl.
Hofgarten
Staats-
kanzlei
Dichter
garten
Prinz-
Carl-Palais
V.-d.-Tann-Str.
F.-J.-Strauß-Ring
Karl-
Scharnagl-Ring
Staatsarchiv
Bayer.
Oberster
Rechnungshof
Brienner Str.
Platz d.
Opfer d.
Nationalsoz.
Luitpold-
block
Amira-
pl.
Maximilians-
platz
Wittelsb.-
br.
Lenbach-
pl.
Karlspl.
(Stachus)
Karls-
platz
(Stachus)
Neuhauser
S1-8
Sonnen-
straße
Justizpalast
Alter Bot.
Garten
Neptunbr.
Elisen-
str.
Bahn-
hof-
pl.
München-
Hbf.
ZOB
Königs-
pl.
Königs-
platz
Propyläen
Glyptothek
Städt.
Galerie i.
Lenbachhs.
Staatl.
Antiken-
samml.
NS-Doku.-Zentrum
Arcis-
Str.
Karolinen-
Obelisk
K.-von-Bora-Str.
Barer
Pinakothek
d. Moderne
Ägypt. Museum
Pinakothek
St.
Markus
Brandhorst
Türkenstr.
Ludwig-Str.
Pinakothek
Galerie
i.d.LB.
Arkaden
Globus
br.
Fach-
hochsch.
Sophien-
straße
Pavillion
Triumph-
bogen
Schillerstr.
Schützenstr.
Prielmayerstr.
Bayerstr.
Goethe-
str.
Physiolog.
Inst.
Klinikum
Innenstadt
der
LMU
Poliklinik d.Uni.
Lindwurm-
Ziemssen-
Nuß-
baumstr.
Mathilden-
str.
Herzog-
spitalstr.
Frauenpl.
Pol.-
präs
Alte
Akademie
Dt.Jagd-u.Fi-
scherei-
mus.
Bürger-
saal
St.-Michael
Kreuzkap.
Fraunk.
Maxburg-
str.
Pacellistr.
Prome-
nadepl.
Salvatorstr.
Theatinerstr.
Residenzstr.
Perusastr.
Maximilian-
str.
Reg.
von
Oberbay.
Bürkleinstr.
Marstall-
pl.
Marstall
Japan
Pfisterstr.
Herrnstr.
Tal
S1-8
Westenriederstr.
Rosental
Sendlinger
Str.
Stadt-
mus.
Jakobs-
Pl.
Rad-
spielbr.
Hackenstr.
Asamhof
St.Joh.
Nepomuk
(Asamk.)
Reichenb.-
str.
Isar-Sport-
Gymn.
Deutsches
Patentamt
Baader-
platz
15=B.-v.-Benthem-Pl.
Europ. Patentamt
Infobüro Europ. Parl.
Müllersches
Volksbad
Kultur-
zentr.
Philharmonie
Celibidacheforum
Müller-
str.
Stephans-
pl.
Klenze-
Mannh.-
str.
Thiersch-
str.
Wasser-
wirtschaftsa.
Landtag
Prater-
Palas
Athene
Kloster
St.Anna
Seitz
Liebig-
str.
Königin-
str.
Am
Hirschanger

Am Puls der Zeit

In München ist man darauf bedacht, das alte Stadtbild zu erhalten und gleichzeitig den herrschenden Aufschwung in modernen Gebäuden widerspiegeln zu lassen. In der Alt- und Residenzstadt gibt es deshalb viel zu entdecken, ob aus architektonischer Sicht, für Kunstliebhaber, Geschichtsinteressierte oder Shoppingfans.

1 – 15 Alt- und Residenzstadt

Heinrich der Löwe gründete die erstmals im Jahr 1158 urkundlich belegte Siedlung Munichen, das heutige München. Die Innenstadt war bis zum Ende des 18. Jh.s von einem ringförmigen Festungswall umgrenzt, dessen Verlauf bis heute der Altstadtring folgt. Erhalten blieben die Stadttore Karlstor, Sendlinger Tor und Isartor. Nach dem Zweiten Weltkrieg achtete man darauf, das historische Stadtbild beim Wiederaufbau weitgehend zu bewahren. Die Altstadt ist überschaubar und bequem zu Fuß zu erkunden.

SEHENSWERT
Ausgangspunkt eines Altstadt-Spaziergangs ist der gut 20 000 m² große 1 **Marienplatz** **TOPZIEL**, Bühne für Meisterschaftsfeiern, politische Großveranstaltungen und den Weihnachtsmarkt. Das **Neue Rathaus** mit seinem **Glockenspiel** (März–Okt., tgl. 11.00, 12.00, 17.00, übrige Monate nur 11.00 u. 12.00 Uhr) dominiert den Hauptplatz. Der neugotische Bau mit seinen sechs Innenhöfen wurde zwischen den Jahren 1867 und 1908 errichtet. Auf dem 85 m hohen Turm thront das **Münchner Kindl**, die in eine Mönchskutte gewandete Wappenfigur der Stadt. Das Glockenspiel stellt Ereignisse aus der Münchner Stadtgeschichte dar wie die im Februar 1568 gefeierte Hochzeit von Herzog Wilhelm V. mit Renate von Lothringen, bei der ein Ritterturnier auf dem Marienplatz stattfand. Neben dem Fürstenpaar und seinem Hofmarschall sind in dieser Szene insgesamt 16 Figuren zu sehen. Eine Etage tiefer tanzen die Schäffler (Fassmacher) in Erinnerung an eine schwere Pestepidemie, nach der sie sich als erste wieder auf die Straße gewagt und dort mit ihrem Tanz die Bevölkerung aufgeheitert haben sollen.
Von der 1620 errichteten **Mariensäule** aus wurde Bayern vermessen. Im **Fischbrunnen** waschen die Stadtoberen und viele Münchner am Aschermittwoch ihre leeren Geldbörsen in der Hoffnung, dass ihnen nie das Geld ausgehen werde. Am Ende des Marienplatzes befindet sich das **Alte Rathaus** (heute Spielzeugmuseum) mit seiner markanten Zinnengiebelfront nebst Turm aus dem 15. Jahrhundert. Am Ende der Burgstraße liegt das älteste noch erhaltene Bauwerk Münchens, der 2 **Alte Hof**. Er wurde 1255 von den Wittelsbachern als Herzogburg errichtet. Der 3 **Alte Peter**, dessen Geschichte bis ins 12. Jh. zurückreicht, ist die älteste Pfarrkirche Münchens. Vom Kirchturm mit seinem umlaufenden Balkon hat man eine fantastische Aussicht. Unterwegs von dort durchs Tal sollte man zunächst einen Abstecher ins 4 **Hofbräuhaus** **TOPZIEL** machen, dem berühmtesten Wirtshaus der Welt (Infos s. „Die Feiermetropole“, S. 95). Zurück im Tal geht's weiter zum 5 **Isartor**, dem einzigen fast vollständig erhaltenen Stadttor aus dem Mittelalter. Wenige Meter vom **Sendlinger Tor** entfernt wartet mit der 6 **Asamkirche** **TOPZIEL** ein Rokoko-Schmuckkästchen: Auf engstem Raum haben hier die Brüder Asam Architektur, Malerei und Plastik harmonisch verbunden. In der 1597 geweihten 7 **Michaelskirche** befindet sich mit der **Fürstengruft** die Grablege der Wittelsbacher, darunter auch die von Ludwig II. Wie der **Karlsplatz** mit dem **Karlstor** von den Münchnern meist nur Stachus genannt wird, sagt hier auch kaum jemand zum (am 14. April 1494 geweihten) Dom zu Unserer Lieben Frau etwas anderes als 8 **Frauenkirche** **TOPZIEL**. Dieser spätgotische Backsteinbau mit den wel-

Tipp

Architekturtour

Wer könnte einem die Architektur einer Stadt besser erklären als Experten, die selbst aktiv an der Gestaltung beteiligt sind? Bei **Guiding Architects**, einem internationalen Netzwerk für Architekturführungen, zeigen diplomierte Architekten oder Architektur-Historiker ihre Stadt. In München erfährt man so aus erster Hand etwas über spannende Architekturprojekte der Innenstadt oder erkundet das Kunstareal mit seinen architektonischen Highlights aus Museen und umliegenden Bauten.

INFORMATION
www.ga-munich.com; Touren auf Deutsch, Englisch, Französisch, Spanisch und Niederländisch

Das steinerne Siegestor markiert den Übergang von der Ludwigstraße zur Leopoldstraße. Auf ihm thront die auf einer von vier Löwen gezogenen Quadriga stehende Bavaria. Rechts: Altes Rathaus und Alter Peter im Herzen der Altstadt.

Tipp

Auf dem Markt der Sinne

„Ja, Sie wär'n gut, wenn I um die Zeit no frische Schwammerln hätt', wärn's ja nimmer frisch", sagt eine Standlfrau zur Kundin, die am Abend noch frische Pilze auf dem **Viktualienmarkt** kaufen will. Dass es sich dabei nicht um derbes Abwimmeln, sondern um aufrichtige Fürsorge handelt, weiß ein Münchner sofort. Schließlich werden auf dem bekannten Standlmarkt auf 2000 m² Fläche nur exklusive und vor allem frische Waren verkauft. Bäcker, Metzger, Fischhändler, Obst- und Gemüseverkäufer sowie Feinkostläden machen diesen Markt im Herzen der Stadt zu einem Wahrzeichen Münchens – und das bereits seit mehr als 200 Jahren. Natürlich sind in diesem Frischeparadies auch viele bayerische Schmankerl zu haben, und die Kundschaft akzeptiert die höheren Preise zähneknirschend. Sozusagen als Luxussteuer ...

INFORMATION
www.viktualienmarkt-muenchen.de

schen Haubentürmen von 99 m Höhe ist das weithin sichtbare Wahrzeichen der Stadt. Gleich am Eingang begegnet man dem berüchtigten Teufelstritt, den Luzifer hinterlassen haben soll, als er vor Lachen aufstampfte, weil er dachte, der Baumeister habe die Fenster vergessen. Erst als er einen Schritt weiterging und sah, dass es hier sehr wohl Fenster gibt, soll er sich vor Zorn in einen heftigen Wind verwandelt haben, der das Gotteshaus bis heute umweht. Vom **Maximiliansplatz** ist es nicht weit bis zum **Promenadeplatz** mit der Luxusherberge Bayerischer Hof, in dessen Nightclub oft internationale Jazzgrößen spielen und in dem einst auch Michael Jackson logierte, woran ein mit vielen Devotionalien verziertes Denkmal vor dem Hotel erinnert. Durch die Kardinal-Faulhaber-Straße mit dem immer einen Besuch werten **Literaturhaus München** (www.literaturhaus-muenchen. de) geht es weiter bis zum **9** **Odeonsplatz** mit der **Feldherrnhalle**, einer Ehrenhalle für das bayerische Heer, die mit dem Marsch und gescheiterten Putschversuch Adolf Hitlers bis Kriegsende zu einer Kultstätte der Nazis wurde. Errichtet hat sie Friedrich von Gärtner in den Jahren 1841 bis 1844 im Auftrag König Ludwigs I. nach dem Vorbild der florentinischen Loggia dei Lanzi.

Überragt wird der Odeonsplatz von der ockergelb leuchtenden, mit barocker Doppelturmfassade und 71 m hoher Kuppel imposant gestalteten **Theatinerkirche** (geweiht 1675), den **Arkaden** zum streng geometrisch angelegten **Hofgarten** mit **Dianatempel** in der Mitte und der **10** **Residenz** TOPZIEL, dem ehemaligen Wohn- und Regierungssitz der Wittelsbacher. Dieses größte Innenstadtschloss Deutschlands gliedert sich in drei Hauptgebäudegruppen, sechs Höfe, Festsäle, Profanbauten, Museen und Theater. Es wurde von 1611 bis ins 19. Jh. erbaut, unter Einflüssen der Spätrenaissance, des Barock und Rokoko sowie des Klassizismus. Prunkstück ist die **Schatzkammer**, die als eine der wichtigsten Preziosensammlungen der Welt auch die Kroninsignien Bayerns beinhaltet (Kernöffnungszeit: tgl. 10.00–17.00 Uhr).

Vom **Odeonsplatz** führen zwei ineinander übergehende Prunkstraßen, die **Ludwig**- und die **Leopoldstraße**, in gerader Sichtachse bis zum **11** **Siegestor** (1843–1850, außerhalb der Karte), einem Triumphbogen nach dem Vorbild des Konstantinbogens in Rom, und weiter bis zur **Münchner Freiheit**, nach **Schwabing**.

Die ehemalige Sommerresidenz der Wittelsbacher, **12** **Schloss Nymphenburg** TOPZIEL (1664–1795, außerhalb der Karte), liegt im Münchner Westen. Ludwig I. hinterließ hier die berühmte **Schönheitsgalerie** Münchner Frauen (April–Mitte Okt. 9.00–18.00, Mitte Okt.–März 10.00–16.00 Uhr). König Ludwig II. wurde hier geboren, sein Nachfahre Herzog Franz von Bayern (siehe das DuMont-Thema „König ohne Thron" auf den Seiten 56 f.) wohnt in einem Seitentrakt. Unter Palmen speist man im **Schlosscafé**, das in einem ehemaligen Gewächshaus untergebracht ist (Schloss Nymphenburg, Eingang 43, 80638 München, Tel. 089 17 53 09, Di.–Fr. 11.00–18.00, Sa./So. 10.00–18.00 Uhr). Dort gibt es neben hausgemachter Limonade zum Beispiel ein üppiges „Schlossfrühstück" (bis 14.00 Uhr!); auch Vegaer finden etwas auf der Karte. Und danach lädt der schon seit dem Jahr 1792 öffentlich zugängliche **Schlosspark**, den Friedrich Ludwig von Sckell ab 1804 zu einem englischen Landschaftsgarten umgestaltete, zu einem ausgedehnten Spaziergang ein. Auf dem Kanal kann man sich sogar in einer venezianischen Gondel fahren lassen wie auf dem Canal Grande in Venedig (www.gondel-nymphenburg.de). Ein besonderes Erlebnis sind zudem die **Schlosskonzerte** im schön restaurierten Hubertussaal (www.hubertussaal.de).

Tipp

Munich by Tram

Wer sich schnell einen Überblick über die Sehenswürdigkeiten der Stadt verschaffen will, muss spätestens am Hauptbahnhof in die **Tramlinie 19** zusteigen. Mit dieser regulär verkehrenden Bahnlinie geht es vom Justizpalast über den Stachus zum Lenbachplatz mit Blick auf das Tor zum Alten Botanischen Garten direkt ins Herz der Stadt zum Max-Joseph-Platz mit der Residenz und dem Nationaltheater. Der Marienplatz und der Odeonsplatz sind von hier schnell zu Fuß erreichbar. Die 19 fährt weiter über die Maximilianstraße mit den Edelboutiquen und hinauf zum Maximilianeum, in dem der Bayerische Landtag seinen Sitz hat. Anschließend kommt man zum Wiener Platz nach Haidhausen, einem beliebten Wohnviertel mit Standln, Cafés und kleinen Boutiquen.

INFORMATION
www.muenchen.de/verkehr/oeffentlicher-nahverkehr/tram/tram19.html

Oben: In der edlen Einkaufsmeile Maximilianstraße residiert auch das Hotel Vier Jahreszeiten. Rechts oben: Sonniges Päuschen am Viktualienmarkt. Darunter: in der Theatinerstraße.

MUSEEN

In der Altstadt finden sich neben der – heute als Museum eingerichteten – Residenz noch weitere wichtige Museen, das **Münchner Stadtmuseum** und das unweit davon benachbarte **Jüdische Museum** sowie das in den beiden Falkentürmen des Isartors untergebrachte **Valentin-Musäum**. Informationen dazu finden Sie auf den Infoseiten des Kapitels „Kunst und Kultur“, S. 60–63.

SHOPPING

Was das königliche Outfit anbelangt, hätte sich König Ludwig I. vielleicht doch öfter mal von seinen **Hoflieferanten** (siehe Special S. 30) beraten lassen sollen. Zerschlissen, geflickt und ausgeblichen war der Hausrock, den der Regent mehr als sechzig Jahre lang trug, so als müsse er sich seine vielen Prachtbauten, die er in München errichten ließ, am eigenen Leib absparen. Dabei gab es schon seit 1596 Hoflieferanten wie Eduard Meier, der heute neben Markenbekleidung im anglobajuwarischen Stil vor allem für seine maßgefertigten Schuhe bekannt ist. Infos dazu sowie zu weiteren ehemaligen Hoflieferanten unter www.edmeier.de, www.dallmayr.de, www.radspieler.com, www.hofpfisterei.de, www.parfuemerie-brueckner.com, www.prinzregententorte.de.
Exklusives bieten auch **alteingesessene Unternehmen** wie **Hirmer**, **Sporthaus Schuster**, **Kustermann**, **Bettenrid** und **Kaut-Bullinger**, die sich zu „Münchens Erste Häuser“ zusammengeschlossen haben (www.erste-haeuser.de). Des Weiteren garantieren im Zentrum edle Geschäfte in den **Fünf Höfen**, der **Hofstatt** und der **Brienner Straße** vornehmes Shoppen (www.shops-muenchen.de).
Von den Fünf Höfen sind es nur wenige Schritte bis zur Tramlinie 19, die sich hier deutlich hörbar in die Kurve legt, um in die Perusastraße einzubiegen, und mit der sich viele Sehenswürdigkeiten der Stadt auf ebenso gemütliche wie kostengünstige Weise besichtigen lassen (siehe den Tipp linke Seite rechts).
Den 13 **Viktualienmarkt** (siehe Tipp linke Seite oben) gibt es bereits seit 1807. Auf dem bekanntesten Markt der Stadt wird vorwiegend exklusives Obst und Gemüse angeboten. Die Brunnen-Plastiken der Volkskünstler Karl Valentin, Liesl Karlstadt und Weiß Ferdl schmückt man hier am ersten Freitag im August, am Faschingsdienstag tanzen die Marktweiber. Ein Schlenker lohnt sich auch noch von hier zur **Schrannenhalle** mit italienischer Feinkost (siehe auch das DuMont-Thema „Zwischen Weißwurst und Haute Cuisine“ auf den Seiten 106 f.). Edel zu geht es auf der 14 **Maximilianstraße**, während in der 15 **Kaufinger-/Neuhauser Straße** umso mehr Massenware angeboten wird.

INFORMATION

Touristinformation im Rathaus, Marienplatz 8, 80331 München, Tel. 089 23 39 65 00.
Touristeninformation am Hauptbahnhof, Bahnhofsplatz 2, 80335 München.
www.muenchen.de (hilfreicher Download der München-App unter „Sehenswertes“!)

Genießen Erleben Erfahren

DuMont Aktiv

Wellenreiter

Im Sommer ist die kleine Brücke an der Prinzregentenstraße beim Haus der Kunst voller Publikum. Alle starren hinunter aufs Wasser. Was es da zu sehen gibt, ist eine etwa einen halben Meter hohe Welle und jede Menge Surfer, die auf ihren Einsatz warten.

Die Eisbachwelle ist Deutschlands größte und einzige stehende Flusswelle inmitten einer Großstadt und deshalb bei Surfern weltberühmt. Sogar bis in australische Reiseführer haben es die Münchner Wellenreiter gebracht. Gilt es doch als besonders skurril, dass mitten in der bayerischen Hauptstadt gesurft werden kann, obwohl das Meer gut eine Tagesreise entfernt ist. Dabei lag der Ursprung des urbanen Münchner Surfens eigentlich ein paar Kilometer entfernt an der Floßlände in Thalkirchen, wo erstmals im Jahr 1972 die Pauli-Brüder die Welle im Isar-Floßkanal ohne Seil ritten. Mehr als 40 Jahre später wird dort immer noch gesurft; vor allem, weil an der Floßlände auch Ungeübte aufs Brett dürfen.

Das Eisbachsurfen beim Haus der Kunst ist dagegen nicht ungefährlich: Weil die stehende Welle durch eine Steinstufe und eine daraus resultierende Stromschnelle erzeugt wird, ist die Verletzungsgefahr relativ groß. Offiziell ist das Surfen an dieser Stelle deshalb auch erst seit ein paar Jahren erlaubt, und noch immer sollten sich hier keine Anfänger, sondern nur Profis auf das Wasser wagen. Doch auch das Zusehen macht schon großen Spaß.

Weitere Informationen

www.muenchen.de/freizeit/sport/surfen.html

Einmal im Jahr herrscht „Ebbe“ am Eisbach: Wegen der Bachauskehr, bei der das Flussbett gereinigt wird, ist das Surfen einige Wochen lang nicht möglich.

Die jeweiligen Termine werden auf dem offiziellen Stadtportal, www.muenchen.de, bekanntgegeben.

Der Verein Interessensgemeinschaft Surfen München (IGSM) informiert über die besten Plätze des Fluss-Surfens: http://igsm.info

Zerklüftete Antike

Zwischen allen Stilen

Dass München heute zu den bedeutendsten Kunst- und Kulturzentren Europas zählt, ist kein Zufall, sondern Tradition. Den Grundstein dafür legte König Ludwig I., der bereits als Kronprinz große Pläne hegte: „Ich will aus München eine Stadt machen, die Teutschland so zur Ehre gereichen soll, dass keiner Teutschland kennt, wenn er nicht München gesehen hat.“

Blick durch die Propyläen am Königsplatz: „Ich werde nicht ruhen, bis München aussieht wie Athen" (König Ludwig I. von Bayern).

Die Hauptsynagoge der Israelitischen Kultusgemeinde München und Oberbayern am St.-Jakobs-Platz wurde wie das Jüdische Museum vom Architekturbüro Wandel Hoefer Lorch entworfen.

„Zwischen Kunst und Bier ist München wie ein Dorf zwischen Hügeln hingelagert."

Heinrich Heine

Damit aus der Hauptstadt des im Jahr 1806 gegründeten Königreichs eine Art „Isar-Athen" wurde, ließ der Regent alsbald fast ganz München umkrempeln. Leo von Klenze und Friedrich von Gärtner waren seine Architekten, wenn es darum ging, monumentale Prachtbauten, Ausfallstraßen und Museen zu errichten, um aus München eine weltweit beachtete Kunst- und Kulturstadt werden zu lassen. Schließlich war der Monarch fest davon überzeugt, Kunst und Geschichte würden zur Erziehung der Menschen beitragen und diese damit auch an die Monarchie binden. Später lebte dann Schwabing eine Weile lang von seinem Ruf als revolutionäres Kunstzentrum, in dem neue Ideen reifen konnten. Schnell etablierte es sich zum Szeneviertel, das sich die Künstler bald nicht mehr leisten konnten. Heute versucht die Stadt mit dem Kreativquartier und dem Werksviertel einen Neuanfang.

Mediterranes Vorbild

Schon Ludwig I. betrieb, wenngleich größtenteils mit privatem Geld, eine ambitionierte Bau- und Kunstpolitik, die Architektur mit Kalkül zur Machtdemonstration einsetzte. Damit sein Plan von Münchens Kulturgröße rasch Form annahm, wählte er architektonische Vorbilder, die augenfällig früheren Machtzentren entsprachen. Seine weitläufige Residenz, die heute Deutschlands größtes Innenstadtschloss ist, orientiert sich am Palazzo Pitti in Florenz. Das Museumsensemble am Königsplatz mit den Propyläen, der Antikensammlung und der Glyptothek entstand in Anlehnung an das antike Griechenland, und mit der klassizistischen Ludwigstraße ließ er die Nähe zu Florenz und Rom anklingen. Ludwigs Antikenbegeisterung kannte schier keine Grenzen, und an manchen Ecken der Stadt könnte man noch heute glauben, München sei eine mediterrane Metropole.

Kunststadt München

Mit der Verlegung der Universität von Landshut nach München und der Neugründung der Kunstakademie durch die bayerischen Könige hatte sich München dann endgültig als Kunststadt etabliert.

Vor allem das bürgerliche Interesse an Kunst war in der zweiten Hälfte des 19. Jahrhunderts deutlich gestiegen. Es begann die Blütezeit der Kunstvereine und der sogenannten Malerfürsten.

Künstler wie Friedrich August von Kaulbach, Franz von Lenbach oder Franz von Stuck übernahmen Auftragsarbeiten reicher Villenbesitzer, die zur Selbstdarstellung ihre großen Räume standesgemäß für gesellschaftliche Empfänge dekorieren wollten.

Über diesen Lichthof gelangt man in das Mitte des 18. Jahrhunderts errichtete Cuvilliés-Theater, in dem 1781 Mozarts Oper „Idomeneo" uraufgeführt wurde.

„Fremd ist der Fremde nur in der Fremde", lautet eine der Weisheiten Karl Valentins, dem im Isartor ein Musäum gewidmet ist.

Die Bayerische Staatsoper im Nationaltheater gehört zu den größten und besten Opernhäusern der Welt. Unter anderem wurden hier fünf Wagner-Opern uraufgeführt.

Mehr als 1000 Werke wegweisender Künstler des 20. und 21. Jahrhunderts hat das Ehepaar Anette und Udo Brandhorst seit den 1970er-Jahren gesammelt. Dazu gehören Künstler der klassischen Avantgarde (Kurt Schwitters, Pablo Picasso), der europäischen Nachkriegsmoderne (Joseph Beuys, Sigmar Polke) und US-amerikanische Künstler wie Andy Warhol und Cy Twombly.

Die polychrome, mehrschichtig aufgebaute Außenhaut des von den Berliner Architekten Sauerbruch Hutton entworfenen Museums Brandhorst im Kunstareal München wirkt wie ein abstraktes Gemälde.

„Present Continuous" heißt die zwischen der Hochschule für Fernsehen und Film und dem Staatlichen Museum Ägyptischer Kunst stehende Skulptur des niederländischen Bildhauers Henk Visch.

In der Alten Pinakothek werden bedeutende Werke der europäischen Malerei vom 14. bis zum 18. Jahrhundert präsentiert.

Ein Platz an der Sonne: auf den Stufen vor der im Jahr 1830 eröffneten Glyptothek am Königsplatz.

Special

Graffiti

Sprühdosen, Sticker, Schablonen

Street Art in Deutschland, da denkt fast jeder zuerst an Berlin. Dabei liegen die Wurzeln der deutschen Graffitiszene in der bayerischen Hauptstadt, wo die Künstler schon Anfang der 1980er-Jahre Vorreiter der europäischen Street Art waren.
Lange bevor in Berlin gesprayt wurde, sorgten in München 1983 die ersten Graffiti für Aufsehen. Auch heute noch hat die Stadt eine höchst aktive Straßenkunstszene, ob als klassische Graffiti (gesprüht), mit Stickern (geklebt) oder als Stencils (Schablonen).

Die so entstandenen Freiluftgalerien sind jederzeit für alle gratis zugänglich. Doch was heute gesprayt wird, kann morgen schon wieder entfernt oder abgerissen werden – ein Charakteristikum der Street Art ist ihre Vergänglichkeit. Inzwischen wurden aber auch legale Sprühmöglichkeiten geschaffen, etwa unter der Donnersberger Brücke, im Alten Viehhof an der Tumblingerstraße, im Werksviertel und an der Luitpoldbrücke beim Friedensengel, die der hier in München lebende und arbeitende Street-Art-Künstler Loomit (eigentlich Mathias Köhler) zu einer faszinierenden Street-Art-Gallery aufgewertet hat. Loomit wirkt auch bei der Umgestaltung des neuen Werksviertels mit, wo er in der Whitebox ein Atelier hat.

Ganz schön bunt: Street Art im Viehhof.

Ein Künstlerleben in Schwabing

Revolutionäre Ideen wie die des Blauen Reiter sowie expressionistische Strömungen kamen erst um die Wende vom 19. zum 20. Jahrhundert auf. In den Künstlerlokalen verkehrten zu jener Zeit auch Maler wie der in Moskau geborene Wassily Kandinsky und der aus dem schweizerischen Bern stammende Paul Klee, die damals beide in Schwabing lebten, weil die Mieten hier noch günstig waren: „Leider nicht in bester Lage, sondern in Schwabing“, notierte Paul Klee enttäuscht, als er endlich eine Wohnung gefunden hatte. Und so erinnern seine Aufzeichnungen von damals durchaus an Erfahrungen, wie sie mancher Künstler auch heute in München machen kann. Während Klees Ehefrau mit Klavierstunden den Lebensunterhalt der kleinen Familie verdiente, führte der Maler den Haushalt, kümmerte sich um den kleinen Sohn und pendelte zwischen seinem Atelier in der Feilitzschstraße und der Wohnung in der Ainmillerstraße, wo er zwischen Herd und Staffelei arbeitete „wie ein Ochs, weil ich weiß, dass die Luft nirgends so inspirierend ist wie in München.“

Mit dem Einzug der Moderne hatten sich die Selbst-Inszenierungen mondäner Malerfürsten längst überholt, und weder Regent noch Klerus bestimmten die all-

Zu den bedeutendsten Exponaten der Glyptothek gehört der 1,81 Meter hohe „Barberinische Faun" (220 v. Chr.).

Von oben nach unten: Pinakothek der Moderne, Neue Pinakothek, freischaffende (Lebens-)Künstler auf der Grünfläche vor der – von dem Architekten Stephan Braunfels gestalteten – Pinakothek der Moderne.

gemeine Kunstauffassung. Heute sind künstlerische Oasen inmitten des bürgerlichen Umfelds eher die Ausnahme in Schwabing. Dabei schrieb noch im 19. Jahrhundert ein königlicher Erlass vor, dass in jedem Obergeschoss eines Schwabinger Neubaus ein Atelier einzubauen war. Davon geblieben sind die großen Fensterfronten – ein Markenzeichen des Stadtteils, dessen große Atelierwohnungen jedoch längst Großverdienern als Luxusdomizil dienen.

Künstlerische Oasen in Schwabing sind heute eher die Ausnahme.

Hohe Mieten – kleine Wohnungen

Besucht man heute den Fotografen Wolfgang Roucka in seinen Studioräumen in der Feilitzschstraße, wo er mit seiner Schwabinger Postergalerie zur Legende wurde, kann man in Ausstellungen, Lesungen und Konzerten, die hier regelmäßig veranstaltet werden, auch mehr als 50 Jahre Fotogeschichte bestaunen. Roucka erinnert sich auch noch gut, wie er einst die kleine Münchner Wohnung von Udo Jürgens mit einem großformatigen Münchenpanorama, aufgenommen vom Monopteros im Englischen Garten, auf Vordermann gebracht hat. „Weil die Mieten so hoch sind, haben die jungen Leute heute auch wieder so kleine Wohnungen wie in den Sechzigerjahren“, sagt der Fotokünstler. „Da sind die großen Poster wieder topmodern.“

Kunst kostet

Die wilden Tage Schwabings, als Studenten gegen den bürgerlichen Mief aufbegehrten und sich 1962 bei den berühmten Schwabinger Krawallen vier Tage lang Straßenschlachten mit der Polizei lieferten, sind längst vorbei. Heute begegnet man an der Uni vor allem Upper-Class-Kids, die zum Ausgehen lieber das Glockenbachviertel als Schwabing ansteuern. Da wirkt es fast wie ein Ana-

Bogenhausener Schmuckstück: Die in den Jahren 1897/1898 errichtete Villa Stuck wurde als – Leben, Architektur, Kunst, Musik und Theater verbindendes – Gesamtkunstwerk konzipiert.

Malerfürst trifft auf Pop-Art-Künstlerin: Franz von Stucks „Dissonanz“ und Sylvie Fleurys „Gucci Satellite“ (im Bildvordergrund).

chronismus, dass sich in der Maxvorstadt bis heute das älteste Privattheater Münchens mit Gratisvorstellungen hält. „Wenn wir Ihnen eine Eintrittskarte wert sind, ist unsere Existenz schon gesichert“, heißt es beim „Kleinen Spiel“. Das Marionettentheater für Erwachsene, dessen Eintritt seit seiner Gründung 1947 gratis ist, bittet jedoch nach jeder Vorstellung mit einem traditionellen Zylinder um Spenden: „Denken Sie daran: auch Kunst kostet!“

Gekommen, um zu bleiben

Dem kann Christian Schnurer nur beipflichten: „Kunst ist kein ästhetischer Gaumenschmaus, sondern eine existenzielle Angelegenheit“, sagt Schnurer, der im Kreativquartier an der Dachauerstraße die Halle 6 leitet. In dem vom Kulturreferat der Stadt zur Verfügung gestellten Objekt entstanden feste Atelierplätze für bildende Künstler und Proberäume für Musiker, um die Arbeitssituation von Kulturschaffenden in München zu verbessern. Hier können Kreative auch mal kurzzeitig einen Raum für die Umsetzung eines Projektes finden. Auf dem 20 Hektar großen Areal existiert neben der Halle 6, dem Pathos Transport Theater oder dem Atelierhaus bereits eine kleine, lebendige Kulturszene. Die Stadt will das ehemalige Gelände einer Kaserne nun zum großen Kreativquartier entwickeln

In der Villa Stuck: Fjodor Schurpins „Der Morgen unserer Heimat", Hamed Owais' „Nasser und die Verstaatlichung des Kanals", Willi Sittes „Arbeitspause" und in der Vitrine: chinesische Plakate aus der Sammlung Stefan R. Landsberger.

und geht dabei ganz neue Wege: Ein urbanes Stadtquartier mit 900 Wohnungen soll entstehen, in dem Wohnen und Arbeiten mit Kunst- und Kulturstätten verknüpft werden kann. In der ehemaligen Jutierhalle sind weitere Ateliers und Arbeitsräume, in der früheren Tonnenhalle zwei große Säle für Theater, Tanz und Musik geplant. Das Alte Zeughaus ist für die Design-Fakultät der Hochschule vorgesehen, auch ein Gründer- und Innovationszentrum soll es geben. Ein großes Experiment ist das allemal, will man dem künftigen Aufwertungsdruck des Geländes in der Immobilienhochburg München entgegenwirken. Immerhin befindet sich das Areal im Besitz der Stadt, und dort beteuert man, eine Profitmaximierung stünde erstmal nicht im Vordergrund. Schließlich ist der künstlerische Nachwuchs ja gekommen, um zu bleiben.

Überraschende Kreativmetropole

Was die kulturellen Leuchttürme der Stadt betrifft, musste sich München bundesweit nie verstecken. Die Stadt hat drei große Orchester von Weltrang und gehört mit mehr als 140 Verlagen schon lange zu den größten Verlagsstädten der Welt. Auch das Münchner Kunstareal mit 18 Museen, mehr als 40 Galerien und Kunstinstitutionen sowie sechs international renommierten Hochschulen sucht seinesgleichen. Es präsentiert mitten in der Maxvorstadt Kulturgeschichte von mehr als 5000 Jahren – angefangen beim Ägyptischen Museum bis hin zu drei großen Pinakotheken, die von Dürer, da Vinci und Rubens bis zu Joseph Beuys und Gerhard Richter so ziemlich alle Glanzepochen der Kunstgeschichte präsentieren. Architekturinteressierte Besucher sind fasziniert von dem Mix aus prachtvollen historischen Museumsbauten wie der Glyptothek und zeitgenössischen Neubauten wie dem Museum Brandhorst mit einer Außenfassade aus 36 000 bunten Keramikstäben.

Doch wann immer es um den künstlerischen Nachwuchs ging, schien Berlin

Alle Abbildungen dieser Doppelseite: Auf dem Gelände einer ehemaligen Funkkaserne entstand bereits in den 1990er-Jahren eine der größten Künstlerkolonien Europas, die unter der Bezeichnung „Domagkateliers" bis weit über die Grenzen der Stadt hinaus bekannt wurde. Da die alten Kasernengebäude einem neuen Wohnviertel weichen sollen, beschloss der Münchner Stadtrat den Erhalt des größten Gebäudes, „Haus 50", um dieses als städtisches Atelierhaus zu betreiben.

Heute werden hier von der Stadt München 100 zwischen 15 und 80 m² große Ateliers für jeweils fünf Jahre an Künstlerinnen und Künstler überlassen. Die Belegung des Atelierhauses erfolgt im Rahmen eines Bewerbungsverfahrens und wird vom Stadtrat entschieden. Zusätzlich stellt die Stadt zwei Gastateliers mietfrei für den internationalen Künstleraustausch zur Verfügung.

Zu den Veranstaltungen im Atelierhaus am Domagkpark gehören „offene Ateliertage" und „Künstlersonntage" mit Atelierrundgängen und Künstlergesprächen.

„... am liebsten bin ich unter jungen Malern, die besser aussehen als ihre Bilder."

Heinrich Heine

seit seiner Hauptstadtwerdung München an internationaler Relevanz deutlich zu überrunden. Lange Zeit hatte man sich vor allem für die vielen Selbstständigen und Freischaffenden im Münchner Kulturbetrieb nicht sonderlich interessiert, galten sie doch als schwer zu fassende Einzelkämpfer. Bis die Stadt von den 2016 veröffentlichten Ergebnissen einer Auftragsstudie selbst überrascht wurde: In einem Ranking von sieben für die Metropolregion München wichtigen Wirtschaftsbranchen lag die Kultur- und Kreativwirtschaft hinter der Autoindustrie und dem Baugewerbe an dritter Stelle. Erst auf den weiteren Plätzen folgten Tourismusgewerbe und Maschinenbau, Finanzwesen und die Chemieindustrie. Eine Studie der Europäischen Kommission stellte Münchens Kultur- und Kreativwirtschaft gar auf eine Stufe mit London und Paris – zwar nicht, was die Umsatzzahlen angeht, aber sehr wohl, was die Zuwachsraten betrifft.

Städtebauliche Herausforderung

Um all den Kreativen Lebensqualität inmitten der Stadt zu bieten, steht München städtebaulich vor der größten Herausforderung seit der Nachkriegszeit. So wird auch bereits genutztes Terrain wie das ehemalige Clubgelände der Kulturfabrik am Ostbahnhof in ein völlig neues Stadtviertel umstrukturiert. Wo einst Unternehmen wie Pfanni, Zündapp oder Optimol ihre Werke hatten und sich derzeit Münchens alternative Ausgehszene trifft, entstehen in den nächsten Jahren 1500 Wohnungen, Büros für 7000 Arbeitsplätze, fünf Hotels, 30 000 Quadratmeter Einzelhandelsfläche, bis zu sechs Musik-Bühnen und – nicht zu vergessen – Münchens neuer Konzertsaal.

Unten am Knödelplatz ist schon ein Laden für Künstlerbedarf eingezogen, daneben ein Trachtengeschäft. Dax-Unternehmen zahlen mehr Miete, dafür sind die Künstlerateliers günstiger.

In modernisierten, loftartigen Büros können schon jetzt auch Einzelne einen bezahlbaren Arbeitsplatz an einem gemeinsamen Tisch mieten. Von der jungen Gründerszene im stylishen Industrieloft zurück zur Kulturhauptstadt König Ludwigs I. ist es dann nur mehr ein Mouse-Click: So schwärmt eine junge Bloggerin in ihrem Beitrag über München vom „schönsten Mann, den sie je getroffen hat". Allerdings ist der Kerl schon mehr als 2000 Jahre alt. An Erotik aber können es nur wenige Lebende mit dem Barberinischen Faun aus der Münchener Glyptothek aufnehmen. Der räkelt sich dort splitternackt und wollüstig im sinnlichen Schlaf versunken.

Zu verdanken haben die Münchner auch diese lebensgroße Marmorskulptur dem kunstsinnigen König Ludwig I., der den Faun einst für seine Sammlung von Rom nach München bringen ließ.

HERZOG FRANZ VON BAYERN

König ohne Thron

Glamouröse Auftritte sind seine Sache nicht. Herzog Franz von Bayern gilt als eher bescheidener Mensch. Dabei wäre er heute König von Bayern, gäbe es die Monarchie noch.

Seine Vorfahren bestimmten als Staatsoberhäupter mehr als 700 Jahre die kulturelle und politische Entwicklung des Landes: Herzog Franz von Bayern.

Der Chef des Hauses Wittelsbach hat sich stets an der Verpflichtung zur politischen Zurückhaltung orientiert, aber dafür stärker gesellschaftliche Verantwortung gezeigt. Der gebürtige Münchner gilt als ein großer Kunstmäzen und Sammler zeitgenössischer Kunst. In Nymphenburg, wo er im Schloss seiner Vorfahren wohnt, haben wir ihn zum Gespräch über seine Heimatstadt getroffen.

Margit Kohl: *Sie werden noch heute von vielen als „Königliche Hoheit" angesprochen. Welche Relevanz hat dieser Titel für Sie?*
Herzog Franz von Bayern: Es ist eine reine Höflichkeitsform, die ich persönlich nie erwarte. Mich interessiert viel mehr, wie mir die Leute begegnen.

Sie sind in München geboren und leben heute in einer Wohnung in einem Seitenflügel von Schloss Nymphenburg, einer vielbesuchten Sehenswürdigkeit. Welche Bedeutung hat das Schloss Ihrer Vorfahren für Sie, und wie muss man sich Ihr Leben hier vorstellen?
Ich wohne sehr gern hier, weil mich in Schloss Nymphenburg jeder Raum an meine Familie und damit auch an die lange Geschichte der Wittelsbacher erinnert. Ich bin aber nicht der einzige Bewohner. Einige Angestellte der staatlichen Schlösserverwaltung haben hier noch Dienstwohnungen.

Was bedeutet für Sie Heimat, und wie hat Sie München dabei geprägt?
Heimat ist für mich eine Welt, in der man sich zu Hause fühlt, weil man versteht, wie die Menschen hier reagieren. Ludwig Thoma und Karl Valentin haben den Münchner mit seiner rauen Schale und seinem liebenswerten Grantlertum einst gut beschrieben. Es gibt aber auch die selbstlose Art der Münchner – zum Beispiel, als sie sich 2015 sofort um ankommende Flüchtlinge gekümmert oder ein Jahr später beim Amoklauf im Olympia-Einkaufszentrum ihre Wohnungen für fliehende Passanten geöffnet haben. Auf diese Menschlichkeit kann man in München sehr stolz sein.

Sie sind 1933 geboren, dem Jahr der Machtergreifung Hitlers. Ihre Familie ging ins Exil, doch die letzten Kriegsmonate mussten Sie und andere Familienmitglieder unter anderem im Konzentrationslager Dachau bei München verbringen. Was würden Sie jungen Menschen heute als Erfahrung aus einer so schwierigen Zeit mit auf den Weg geben?
Ich war damals erst elf Jahre alt und konnte das ganze Ausmaß von Krieg und KZ noch nicht begreifen. Aus der

Nur wenige Schritte sind es von der Wohnung des Herzogs Franz von Bayern in den idyllischen Park von Schloss Nymphenburg.

Erfahrung habe ich damals gelernt, dass man für sich und Mitbetroffene die Hoffung nie aufgeben darf, selbst wenn es schwierig ist. Junge Leute sollten heute die Inhalte der Politik ernsthaft prüfen, um zu erkennen, was wirklich dahintersteckt.

Sie sind ein großer Kunstmäzen und Sammler zeitgenössischer Kunst. Zu einer Zeit, als staatliche Institutionen das noch nicht wagten, kauften Sie als einer der Ersten Werke von Beuys, Richter oder Baselitz, die heute unbezahlbar sind, um sie später zu stiften. Wodurch wurde Ihr Interesse an moderner Kunst geweckt?

Ich hatte das Glück, schon als Kind im Elternhaus mit großartigen Kunstwerken aufzuwachsen. Zeitgenössische Werke haben mich immer am stärksten berührt, weil sie ein Spiegel unserer Gesellschaft sind, mit all unseren Gedanken, Wünschen und Sehnsüchten, aber auch unseren Problemen. Mit einem guten Bild muss man in Dialog treten können. Bevor ich ein Kunstwerk erwerbe, prüfe ich deshalb bei mir zu Hause, ob ein Dialog auf Dauer funktioniert.

Nach Meinung von Ludwig I. kennt niemand Deutschland, wenn er nicht München gesehen hat. Was ist heute so einzigartig und typisch für München, dass es ein Besucher unbedingt sehen sollte?

Einzigartig an München ist, dass es großstädtisch und überschaubar zugleich ist. In nur 30 Minuten Fahrt findet man sich bereits in einer der schönsten Landschaften wieder. Die Stadt ist so vielfältig, dass sie für verschiedenste Interessen etwas zu bieten hat: Die wunderbare Innenstadt, in der Stadtrundfahrten für den schnellen Überblick sorgen. Die moderne Architektur des Olympiageländes und der Allianz Arena. Das Deutsche Museum, das Kindern auf faszinierende Weise technische Entwicklungen präsentiert. Und natürlich Schwabing mit seinen vielen kleinen Bühnen und Lokalen.

Der kulturbeflissene König Ludwig I. machte München zur prächtigen Residenzstadt. Der als Märchenkönig gefeierte König Ludwig II. gilt heute über

Herzog Franz von Bayern an seinem Arbeitsplatz: „Zeitgenössische Werke haben mich immer am stärksten berührt, weil sie ein Spiegel unserer Gesellschaft sind."

die Grenzen Bayerns hinaus als fester Bestandteil der Popkultur. Wie verstehen Sie Ihre Rolle als Chef des Hauses Wittelsbach in der heutigen demokratischen Gesellschaft?
Meine Vorfahren bestimmten als Staatsoberhäupter mehr als 700 Jahre über die kulturelle und politische Entwicklung des Landes. Der Name Wittelsbach bedeutet heute nicht nur Ansehen und Tradition allein. Wir empfinden es als unsere Aufgabe, für unser Land da zu sein und unseren Beitrag zu leisten.

Können Königshäuser heute auch ohne Machtanspruch mit ihrer jahrhundertelangen Erfahrung Orientierungsgeber in einer immer komplizierter werdenden Welt sein?
Diese Chance gibt es durchaus. Will man einen Beitrag zur Kontinuität des Landes leisten, muss man sich fernhalten von Interessen politischer oder wirtschaftlicher Gruppierungen. Um sich den Respekt der Mitmenschen zu erhalten, muss man verständlich bleiben und die Türen für alle offen lassen.

Wie viel repräsentative Zeit müssen Sie pro Tag einplanen?
Fast mein ganzer Tag ist mit Arbeit gefüllt, die später in die Öffentlichkeit gelangt. Wenn ich zum Beispiel eine Veranstaltung besuche, kann ich mit meinem Erscheinen Anerkennung und Wertschätzung zeigen und so auch sichtbar etwas bewirken.

Die Schlösser von Ludwig II. sind Besuchermagnete. Für den bayerischen Staat, dem die Immobilien heute gehören, sind sie eine exzellente Einnahmequelle. Seinerzeit wurde Ludwig II. wegen seiner ausgeprägten Bautätigkeit noch der Geldverschwendung bezichtigt. Zeit also für eine posthume Rehabilitierung?
Es wird Zeit, Ludwig II. ernster zu nehmen und gerechter zu beurteilen. Er hat den Staat damals sicherlich in ernste Schwierigkeiten gebracht. Was er an Bauwerken geschaffen hat, kommt dem bayerischen Staat heute zugute. Man muss die bekannten Königsschlösser im Zusammenhang mit allen anderen Schlössern und Residenzen der bayerischen Schlösser- und Seenverwaltung sehen, deren Unterhalt zum Glück mit solchen Einnahmen mitfinanziert werden kann.

Ludwig Ganghofer schrieb einst über Bayern: „Wen Gott liebt, den lässt er fallen in dieses Land." Sind wir in Bayern privilegierter und einfach auf der Sonnenseite des Lebens gelandet? Denn der Deutsche an sich jammert bekanntlich gerne, selbst wenn es ihm historisch betrachtet noch nie so gut ging.
Jammern tun wir alle gern. Aber Bayern hat es geschafft, sich vom bitterarmen Agrarzuschussland zu einem wirtschaftlich starken, soliden Technologiezentrum zu entwickeln, ohne seine Eigenart zu verlieren. Das verdanken wir einer sehr klugen und konsequenten Politik, in der Wissenschaft und Forschung gepflegt werden und die Natur geschont wird.

Wir sollten alle daran mitarbeiten, damit das so bleibt.

Zur Person

Geboren am 14. Juli 1933 in München, Abitur im Benediktiner-Gymnasium Ettal, Betriebswirtschaftsstudium an den Universitäten München und Zürich, Beruf Diplomkaufmann

Aktuelle Funktion: Chef des Hauses Wittelsbach seit 1996
Interessen: Sammler und Förderer zeitgenössischer Kunst
Vermögen: Der Wittelsbacher Ausgleichsfond wurde nach der Revolution von 1918 und der damit einhergehenden Entmachtung der Wittelsbacher gegründet, um das Vermögen der Familie und das des Staates zu entflechten sowie die Ansprüche der Wittelsbacher gegenüber dem Staat auszugleichen. Der Fond wird mit 348 Millionen Euro bilanziert und erwirtschaftet eine jährliche Ausschüttung an die Familienmitglieder von durchschnittlich 13,7 Millionen Euro.
Informationen über die Familie Wittelsbach und das Haus Bayern: http://haus-bayern.com

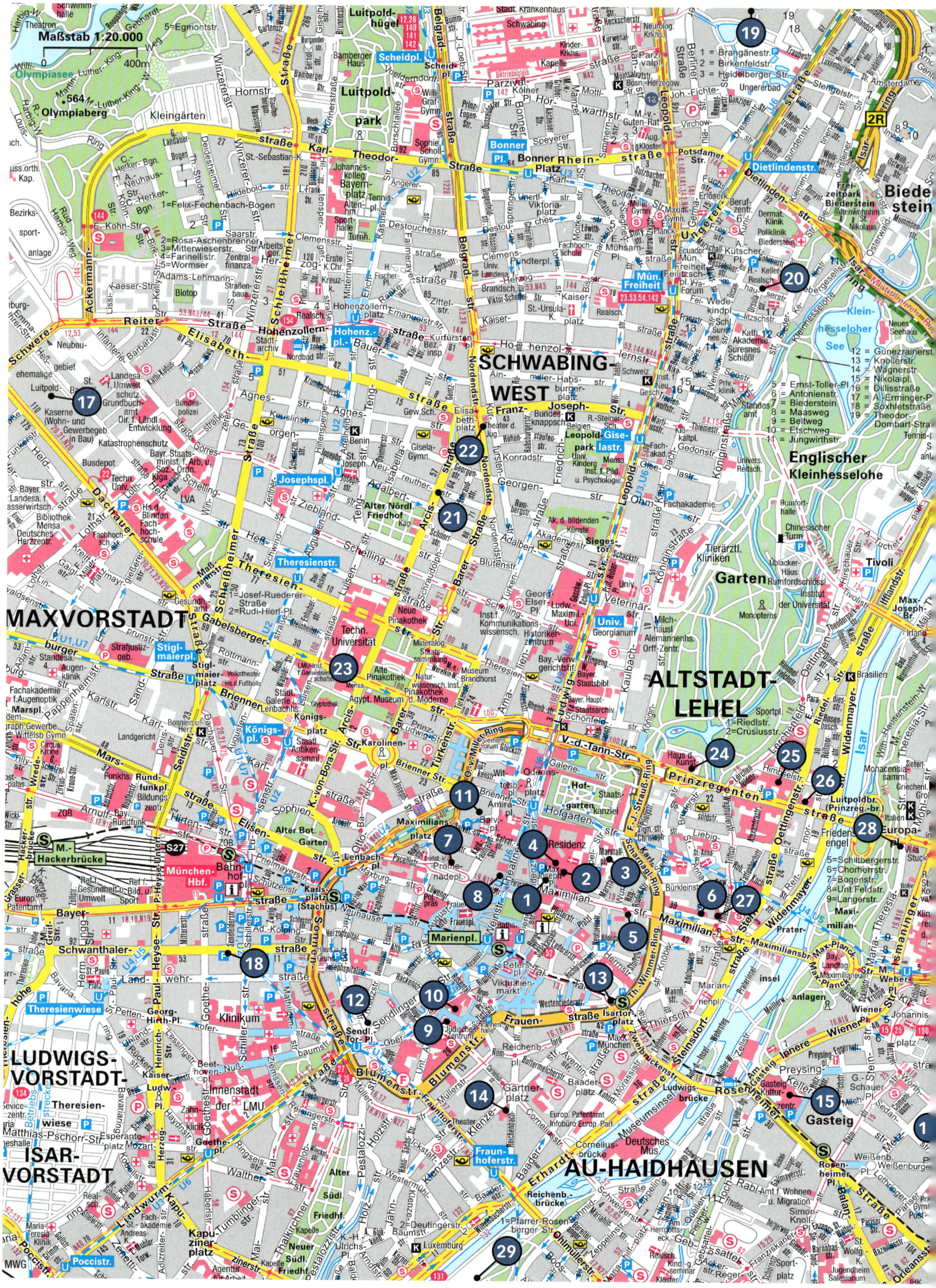
Maßstab 1:20.000
0
400m
Olympiasee
Olympiaberg
Luitpold-park
SCHWABING-WEST
MAXVORSTADT
ALTSTADT-LEHEL
LUDWIGS-VORSTADT-ISAR-VORSTADT
AU-HAIDHAUSEN
Englischer Garten
Kleinhesselohe
Kleinhesseloher See
Alter Nördl. Friedhof
Techn. Universität
Alte Pinakothek
Neue Pinakothek
Residenz
Hofgarten
Marienpl.
Karlsplatz (Stachus)
München Hbf.
Theresienwiese
Deutsches Mus.
Gasteig
Isar
Stiglmaierpl.
Königspl.
Josephspl.
Theresienstr.
Hohenzollernpl.
Scheidpl.
Bonner Pl.
Dietlindenstr.
Münchner Freiheit
Giselastr.
Univ.
Odeonspl.
Isartor
Fraunhoferstr.
Poccistr.
Sendl. Tor-Pl.
Hackerbrücke
Schwanthaler-
Leopold-
Ludwig-
Prinzregenten-
Maximilian-
Biederstein
Tivoli
Europa-Pl.
1
2
3
4
5
6
7
8
9
10
11
12
13
14
15
17
18
19
20
21
22
23
24
25
26
27
28
29

Etabliert & innovativ

Das meiste Kunst- und Kulturangebot findet sich im Zentrum, in der Maxvorstadt sowie der Prinzregentenstraße. Eine U- oder S-Bahnstation bzw. eine Straßenbahn- oder Bushaltestelle ist stets in der Nähe, was sogar für die außerhalb der Stadtgrenze liegende Bavaria Filmstadt in Geiselgasteig gilt: Die Tram 25 hält direkt am Bavariafilmplatz.

1 – 13 Altstadt

Die Bayerische Staatsoper im 1 **Nationaltheater** (Max-Joseph-Platz 2, www.staatsoper.de, fast tgl. Führungen um 14.00 Uhr) ist eines der besten Opernhäuser der Welt und mit seiner prunkvollen Säulenvorhalle eine Sehenswürdigkeit ersten Ranges. Das 2 **Residenztheater** (Max-Joseph-Platz 1, www.residenztheater.de), wie das Bayerische Staatsschauspiel genannt wird, präsentiert sein Programm gleich neben der Staatsoper im Haupthaus mit 877 Plätzen, im 3 **Marstall** mit max. 160 Plätzen und im 4 **Cuvilliés-Theater** mit 523 Plätzen. Letzteres (Residenzstraße 1, www.residenz-muenchen.de, Mo.–Sa. 14.00–17.00, So. u. Fei. 9.00–17.00 Uhr) ist ein Schmuckkästchen des Rokoko. Die 5 **Münchner Kammerspiele** (Maximilianstraße 28, www.muenchner-kammerspiele.de), architektonisch ein Raumkunstwerk des Jugendstils, gehören zu den besten Ensembletheatern Deutschlands. Etwas weiter in Richtung Maximilianeum warten indianische Tipis, afrikanische Masken und asiatische Götterstatuen im 6 **Museum Fünf Kontinente** (Maximilianstraße 42, www.museum-fuenf-kontinente.de, Di.–So. 9.30–17.30 Uhr). Die 7 **Komödie im Bayerischen Hof** (Promenadeplatz 6, www.komoedie-muenchen.de) hat sich ganz dem Boulevard verschrieben. In den Fünf Höfen zeigt die 8 **Kunsthalle der Hypo-Kulturstiftung**

Tipp

Kultur gratis

München ist eine teure Metropole, aber maches gibt es sogar „für umsonst" – etwa den **Musiksommer im Theatron** des Olympiaparks, das **Sommertheater im Englischen Garten** oder die sommerliche **Oper für alle** vor der Bayerischen Staatsoper. Der gemeinnützige Verein **KulturRaum München** (www.kulturraum-muenchen.de/eintritt-frei) hat in seinem Kalender das ganze Jahr über Konzerte, Theater, Filmvorführungen und viele andere Events aus dem Kulturbereich aufgelistet, bei denen der Eintritt gratis ist.

Oben: Im Nationaltheater residiert die Bayerische Staatsoper. Rechts: Rokokopracht im Cuvilliéstheater. Darunter: im Valentin Musäum.

Wechselausstellungen aus allen Bereichen und Epochen der Kunst (Theatinerstraße 8, www.kunsthalle-muc.de, tgl. 10.00–20.00 Uhr). Am St.-Jakobs-Platz ist das jüdische Gemeindezentrum mit der Synagoge und ihrer Glaskonstruktion aus Davidsternen der architektonische Blickfang, wozu auch das 9 **Jüdische Museum** (St.-Jakobs-Platz 16, 80331 München, www.juedisches-museum-muenchen.de, Di.–So. 10.00 bis 18.00 Uhr) gehört. Gegenüber befindet sich das 10 **Münchner Stadtmuseum** (St.-Jakobs-Platz 1, 80331 München, Tel. 089 23 32 23 70, www.muenchner-stadtmuseum.de, Di.–So. 10.00–18.00 Uhr). Es zeigt neben der Stadtgeschichte auch die sehenswerte Dauerausstellung „Typisch München". München als die größte Büchermetropole Europas widmet sich mit den Ausstellungen und Lesungen im 11 **Literaturhaus** (Salvatorplatz 1, www.literaturhaus-muenchen.de) ganz dem literarischen Geschehen der Stadt. Nostalgisches Kinoflair gibt es im 1913 eröffneten 12 **Filmtheater Sendlinger Tor** (Sendlinger- Tor-Platz 11, www.filmtheatersendlingertor.de), das sich den letzten Kinoplakatmaler Bayerns leistet, der jede Woche für die große Außenwerbefläche ein handgemaltes Kinoplakat liefert. Im Isartor ist das 13 **Valentin-Musäum** untergebracht; vom skurrilen Humor des Münchner Originals zeugen schon das ä im Musäum und die Öffnungszeiten (im Tal 50, 80331 München, www.valentin-musaeum.de, Mo., Di., Do. 11.01 bis 17.29, Fr., Sa. bis 17.59, So. 10.01–17.59 Uhr).

14 – 16 Isarvorstadt und Haidhausen

Operetten werden im nach umfangreicher Renovierung im Oktober 2017 wieder eröffneten 14 **Gärtnerplatztheater** (Gärtnerpl. 3, www.gaertnerplatztheater.de) aufgeführt. Einem Weltklasseorchester kann man in der 15 **Philharmonie** (Rosenheimer Str. 5, www.gasteig.de) im Kulturzentrum am Gasteig zuhören. Im Werk 3 des neu entstehenden 16 **Werksviertels** (www.werksviertel.de) am Ostbahnhof hat bereits die **Whitebox** mit 2000 m² Ausstellungsfläche geöffnet (Atelierstraße 18, www.whitebox-muenchen.de).

Tipp

Graffiti-Museum

Münchens Graffitiszene (siehe Special S. 49) hat eine lange Tradition. Dem zollt die Stadt nun Anerkennung: Im ersten **Museum of Urban and Contemporary Art (MUCA)** Deutschlands (Hotterstr. 12, Tel. 089 215 52 43 10, www.urbanartmuseum.org, Mi.–Mo. 10.00 bis 20.00 Uhr) findet die alternative Kunst der Straße auf 2000 m² Fläche ein festes Zuhause. Die Fassade wurde von dem Street-Art-Künstler Stohead (eigentlich Christoph Hässler) gestaltet und ist schon für sich ein Kunstwerk. Es gibt auch Graffiti- Workshops: www.urbanartists.de

Im Uhrzeigersinn von oben: Stadtmuseum in der Altstadt, NS-Dokumentationszentrum in der Maxvorstadt, Villa Stuck in Bogenhausen.

17 – 18 Neuhausen und Ludwigsvorstadt

Im 17 **Kreativquartier** (www.labor-muenchen.org) an der Dachauerstraße sind in der Halle 6 (Dachauer Straße 112 d, www.halle6.net) in Kooperation mit dem Kulturreferat der Stadt Werkräume für zeitgenössische Kunst, Film, Theater und Musik entstanden. Im 18 **Deutschen Theater** (Schwanthalerstraße 13, www.deutsches-theater.de) gibt's vor allem Musicals.

19 – 22 Schwabing

In den 19 **Domagkateliers** (außerhalb des City-Plans, Margarete-Schütte-Lihotzky-Str. 30, www.domagkateliers-gmbh.de) besteht auf dem Gelände einer ehemaligen Funkkaserne schon seit 1993 eine Künstlerkolonie. Sie ist heute mit 100 Ateliers eines der größten städtischen Atelierhäuser Europas. Jeden 3. So. im Monat öffnen einige Ateliers ihre Türen für Kunstinteressierte. Kabarettfreunde schätzen die 1956 von Sammy Drechsel und Dieter Hildebrandt gegründete 20 **Münchner Lach- und Schießgesellschaft** (Haimhauserstraße/Ecke Ursulastraße, www.lachundschiess.de). Münchens ältestes Privattheater, das 21 **Kleine Spiel**, bietet bereits seit 1947 kostenlos Marionettentheater für Erwachsene (Neureutherstraße 12/ Eingang Arcisstraße, www.kleinesspiel.de). Auch das 22 **Theater der Jugend** in der Schauburg (Franz-Joseph-Straße 47, www.schauburg.net) zeigt hervorragende Produktionen.

23 Maxvorstadt

Das 23 **Kunstareal TOPZIEL** (www.kunstareal.de) ist mit 18 Top-Museen, mehr als 40 Galerien und Kunstinstitutionen ein Mekka für Kunstfreunde. Zu den wichtigsten Ausstellungshäusern gehören: Die **Alte Pinakothek** mit Meilensteinen der europäischen Malerei vom 13. bis zum 18. Jh. und 700 Kunstwerken aus den Glanzepochen der deutschen, flämischen, niederländischen, französischen, italienischen und spanischen Malerei, darunter Dürer, da Vinci und Rubens. Wegen Sanierungsarbeiten sind bis Ende 2018 nicht immer alle Bereiche zugänglich (Barer Straße 27/ Eingang Theresienstraße, www.pinakothek.de, tgl. außer Mo. 10.00–18.00, Di. bis 20.00 Uhr). In der **Neuen Pinakothek** liegt der Fokus auf europäischer Malerei und Skulptur mit Werken des 19. und beginnenden 20. Jh.s (Barer Straße 29/Eingang Theresienstraße, www.pinakothek.de, tgl. außer Di. 10.00–18.00, Mi. bis 20.00 Uhr).
Die **Pinakothek der Moderne** ist eines der weltweit größten Museen für moderne Kunst, das auf internationale Malerei, Skulptur und Fotografie des 20. und 21. Jh.s sowie eine Sammlung für Design, Graphik und Architektur ausgerichtet ist. Ausgangspunkt für die Rundgänge in dem von Stephan Braunfels entworfenen Gebäude ist eine große Rotunde mit einer 25 m hohen Glaskuppel (Barer Str. 40, www.pinakothek.de, tgl. außer Mo. 10.00–18.00, Do. bis 20.00 Uhr). Auch die Museen am Königsplatz gehören zum Kunstareal. Das **NS-Dokumentationszentrum** (Brienner Straße 34, www.ns-dokumentationszentrum-muenchen.de; Di.–So. 10.00–19.00 Uhr) erinnert an die Zeit, da München als „Hauptstadt der Bewegung" galt und die steinerne Antikenkulisse des Platzes zum militärischen Aufmarschareal wurde, in dessen Nachbarschaft sich der Sitz der NSDAP und ihrer Verwaltung ansiedelte. Die von Ludwig I. nach Plänen von Leo von Klenze 1816–1830 gebaute **Glyptothek** ist der antiken Skulptur gewidmet. Mit den gegenüberliegenden **Staatlichen Antikensammlungen** besitzt sie eine der weltweit bedeutendsten Sammlungen griechischer und römischer Kunst. Das Museumscafé im Innenhof ist im Sommer ein besonders lauschiges Plätzchen (Königsplatz, www.antike-am-koenigsplatz.mwn.de, Di.–So. 10.00–17.00, Mi. Antikensammlung bis 20.00, Do. Glyptothek bis 20.00 Uhr). Direkt hinter den Propyläen, dem die Westseite des Platzes markierenden Tor, liegt die **Städtische Galerie im Lenbachhaus**, die ihren Weltruhm Werken des „Blauen Reiter" mit Arbeiten von Wassily Kandinsky, Paul Klee, August Macke, Franz Marc und Gabriele Münter verdankt. Die Sammlung des Malerfürsten Franz von Lenbach in dessen einstiger Villa erhielt einen Erweiterungsbau sowie ein modernes Kunstforum. Zur Dauerausstellung gehören auch Werke von Joseph Beuys sowie Kunst nach 1945 (Luisenstraße 33, www.lenbachhaus.de, Mi.–So. 10.00–18.00, Di. bis 20.00 Uhr). Vervollständigt wird das Kunstareal vom **Museum Brandhorst**, dessen Außenfassade 36 000 Keramikstäbe in 23 Farben zieren. Zur Dauerausstellung gehören Werke von Warhol, Twombly und LaChapelle (Theresienstraße 35 a, www.museum-brandhorst.de, tgl. außer Mo. 10.00–18.00, Do. bis 20.00 Uhr).
Das **Staatliche Museum Ägyptischer Kunst** liegt in einem Gebäudetrakt unterhalb der Filmhochschule. Die großen, kirchenschiffähnlichen Räume erhalten von einem Atrium Tageslicht und lassen mit den hier ausgestellten, vorwiegend altägyptischen Exponaten Assoziationen an Tempelräume und Königsgräber lebendig werden (Gabelsbergerstr. 35, www.smaek.de, Mi.–So. 10.00–18.00, Di. bis 20.00 Uhr).

24 – 27 Lehel

Eine weitere Museumslandschaft hat sich entlang der Prinzregentenstraße etabliert. Sie beginnt mit dem 24 **Haus der Kunst**, einem neoklassizistischen Monumentalbau, den Adolf Hitler nach Plänen von Paul Ludwig Troost errichten ließ. Gegen den Ungeist der Naziideolo-

Tipp

Kunstshopping

Das Atelier des Lichtkünstlers **Ingo Maurer** liegt in einem beschaulichen Hinterhof der Kaiserstraße 47. Dort finden sich auch die Verkaufsräume mit vielen Lichtinstallationen (Tel. 089 381 60 60, www.ingo-maurer.com). In der **Studio-Galerie Roucka** am Wedekindplatz gibt es seit mehr als 50 Jahren alles rund um den Bilddruck (Feilitzschstr. 14, Tel. 089 34 80 30, www.roucka.de).

Tipp

Lange Nächte

Mehr als 50 oft regulär nicht zugängliche Gebäude öffnen zur **langen Nacht der Architektur** ihre Türen (gratis, seit 2011 zwei Jahre Ende Januar, 19.00–24.00 Uhr, www.lange-nacht-der-architektur.de). Jedes Frühjahr findet die **lange Nacht der Musik** mit etwa hundert Spielorten von Klassik bis Techno statt (Ticket 15 €, 20.00–3.00 Uhr, www.muenchner.de/musiknacht). Im Herbst folgt ebenso jährlich die **lange Nacht der Museen**, bei der rund 70 Galerien und Museen mitmachen (Ticket 15 €, 19.00–2.00 Uhr, www.muenchner.de/museumsnacht). Alle Konzert- oder Ausstellungsorte sind per Shuttlebus miteinander verbunden.

gie gerichtet, zeigt das Haus heute vorwiegend jene moderne Kunst, welche für die Nazis als entartet galt. Ab Ende 2017 steht eine Renovierung an (Prinzregentenstr. 1, www.hausderkunst.de, Mo.–So. 10.00–20.00, Do. bis 22.00 Uhr). Der Besuch des 25 **Bayerischen Nationalmuseums** ist eine Reise durch die europäische Kunst- und Kulturgeschichte von der Spätantike über das Mittelalter, die Renaissance, den Barock bis weit in das 19. Jh. und den Jugendstil (Prinzregentenstr. 3, www.bayerisches-nationalmuseum.de, Di.–So. 10.00–17.00, Do. bis 20.00 Uhr). Die 26 **Schackgalerie** ist eine Kunstsammlung des Grafen Schack mit Werken von Carl Spitzweg, Leo von Klenze und Franz von Lenbach. Daneben ließ der Graf auch Kopien nach Meisterwerken des 16. und 17. Jh.s anfertigen (Prinzregentenstraße 9, www.pinakothek.de, Mi.–So. 10.00–18.00 Uhr). Im 27 **GOP-Varieté-Theater** in der ehemaligen Kleinen Komödie am Max II.-Denkmal (Maximilianstr. 47, www.variete.de) stehen Artistik-, Unterhaltungs- und Gourmetveranstaltungen auf dem Programm.

28 Bogenhausen

In dem imposanten Jugendstilgebäude der 28 **Villa Stuck** ist das ehemalige Wohnhaus und Atelier des Malerfürsten Franz von Stuck (1863–1929) mit seiner bedeutenden Gemäldesammlung und hochkarätigen Wechselausstellungen zu sehen (Prinzregentenstr. 60, www.villastuck.de, Di.–So. 11.00–18.00 Uhr).

29 Jenseits der Stadtgrenze

Für Filmfans lohnt ein interessanter Rundgang durch die mit der Tram 25 Richtung Grünwald gut erreichbare 29 **Bavaria Filmstadt** (außerhalb des City-Plans, Bavariafilmplatz 7, www.filmstadt.de, tgl. 10.00–17.00 Uhr) in Geiselgasteig südlich von München, wo eine Geländetour mit Stunt-Show in die Geheimnisse des Filmemachens einweiht.

Genießen Erleben Erfahren

DuMont Aktiv

Regenbogen unter Tage

Es ist wohl einer der mystischsten Orte im Münchner U-Bahnnetz: Fast vier Meter Durchmesser haben die riesigen Lampenschirme, die gelb, rot und blau leuchten, während die in Beton belassenen Seitenwände blau angestrahlt sind. Dieses raffinierte Lichtsystem aus direkter und indirekter Beleuchtung, das der Münchner Lichtkünstler Ingo Maurer gestaltet hat, sorgt am Bahnsteig des Westfriedhofs für eine interessante Stimmung.

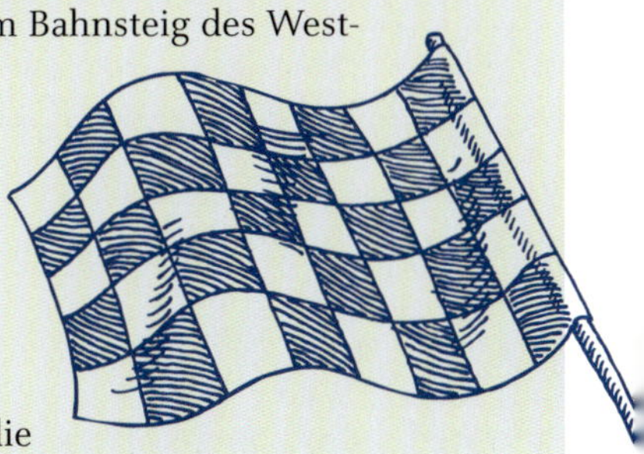

Um die 390 Millionen Passagiere transportiert die Münchner U-Bahn jährlich. Wer sich so wie viele Münchner jeden Tag im Untergrund durch die Stadt bewegt, kann auf diese Weise etwa 100 von Künstlern gestaltete Bahnhöfe entdecken. Da leuchtet zum Beispiel die Bahnsteighalle am Candidplatz in allen Farben des Regenbogens, und am Bahngleis des Königsplatzes empfängt den Fahrgast hinter Glasvitrinen eine Miniausstellung antiker Skulpturen. Am Georg-Brauchle-Ring formte der Künstler Franz Ackermann aus 400 Metalltafeln „Die große Reise“, ein Raster von Wandtafeln in unterschiedlichen Farbtönen, in das Fotografien, Malereien, Post- und Landkarten aus verschiedenen Metropolen der Welt eingearbeitet sind.

Die Reise durch den Untergrund kann also beginnen. Manchmal sogar mit klassischer Musikbegleitung. Denn an insgesamt zehn U-Bahnstationen gibt es obendrein noch klassische Musik zu hören. Mit verblüffendem Effekt: ein harmonischeres Miteinander.

Weitere Informationen

www.mvg.de/dam/mvg/services/freizeittipps/MVG-Freizeit-Mini-Folder-Muenchens-schoenste-U-Bahnhoefe

www.muenchen.de/veranstaltungen/kultur.html

Ganz schön bunt: Ingo Maurers Beleuchtungskonzept am Westfriedhof, Frank Ackermanns Metalltafeln am Georg-Brauchle-Ring, Repliken antiker Kunstwerke am Königsplatz

3 2 1
JETZT GENIESSEN!
APEROL

Stadt am Fluss

München wird auch gern „die Isarmetropole“ genannt. Schließlich pflegt kaum eine andere Stadt ein so inniges Verhältnis zu ihrem Fluss. Die Isar durchfließt ganz München, und nach einer umfangreichen Renaturierung entdecken die Menschen nun den enormen Freizeitwert dieses innerstädtischen Flussraumes, der Lebensqualität für alle bietet.

„Isar für alle“ lautet das Motto beim sommerlichen „Kulturstrand“ am Vater-Rhein-Brunnen auf der Isarinsel zwischen Deutschem Museum und Muffathalle.

AUF / ZU NEUEN WELTEN
AUF / ZU NEUEN WELTEN
TEDDY

Linke Seite und diese Seite unten: Das im Jahr 1903 gegründete Deutsche Museum ist eines der traditionsreichsten und das mit 66 000 m² Ausstellungsfläche größte Wissenschafts- und Technikmuseum der Welt.
Diese Seite oben: Blick von der das Ostufer der Isar mit der Praterinsel verbindenden Fußgängerbrücke auf die südwestlich davon gelegene, 1893–1896 errichtete evangelisch-lutherische Pfarrkirche St. Lukas.
Mitte: Chillen am Isarufer im Englischen Garten.

Neidisch blickt die Welt jeden Sommer auf München. Während andere Großstädte zur Erholung allenfalls ein paar Parks aufbieten können, sorgt in Bayerns Metropole ein Wildfluss aus den Alpen für zusätzliche Lebensqualität. Der Freizeitwert, den die Isar auf ihrem etwa 14 Kilometer langen Weg quer durch die ganze Stadt aufzubieten hat, ist gigantisch. Nirgends kann man die Münchner Devise „leben und leben lassen" besser erleben als an den Ufern der Isar. Denn bei diesem innerstädtischen Flussraum sollen Menschen mit den unterschiedlichsten Interessen und Bedürfnissen zu ihrem Recht kommen – die Isar ist für alle da. Und so tummeln sich hier Badegäste neben Grillern, Naturschützer neben Fischern sowie Floß- und Kanufahrer neben Spaziergängern, Joggern und Radlern.

Nirgends kann man die Münchner Devise „leben und leben lassen" besser erleben als an den Ufern der Isar.

Eine für alle

Dabei kann sich heute kaum noch jemand vorstellen, dass die Isar früher in ein enges Betonkorsett gezwängt war. Erst durch ihre Renaturierung, die 2011 nach mehr als zehn Jahren abgeschlossen wurde und für die der Freistaat Bayern sowie die Stadt 35 Millionen Euro investiert haben, erinnert nun das Flussbett zwischen Brudermühlbrücke und Deutschem Museum wieder an das, was die Isar eigentlich mal war: ein Wildfluss aus dem Voralpenland. „Die Reißende" hieß sie schon zu Zeiten der Kelten, und nun darf die Isar endlich wieder in großen Schleifen durch das ganze Stadtgebiet mäandern. Seitdem entdecken auch immer mehr Münchner ihren Fluss wieder und haben dort ihre ganz persönlichen Lieblingsplätze gefunden.

Stadtgeflüster: München ist ein Dorf aus lauter Dörfern, die sich im Lauf der Zeit zu Stadtvierteln auswuchsen, aus denen dann wiederum das urbane Ganze entstand, das ohne die Isar als Sinn und Richtung gebende Instanz nicht denkbar wäre. Noch immer findet man hier und da dörflich anmutende Idyllen, selbst in Schwabing (rechts: in der Adalbertstraße), die zur Stadtflucht inmitten der Stadt einladen.

Stattliche Bürgerhäuser findet man in der Franz-Joseph-Straße in Schwabing.

Auch das sieht nur aus wie Paris, ist aber Schwabing: die (auch noch in der Maxvorstadt und im Glockbachviertel Läden habende) Boulangerie Dompierre.

Am nördlichen Ende der Maxvorstadt lädt der Josephsplatz mit der mächtigen Pfarrkirche St. Joseph zum Flanieren und Pausieren ein.

Buchhandlung in der Schellingstraße, unweit der Universität: München ist auch eine Stadt für Radfahrer.

Special

Kioske mit Kultstatus

Biokost und Feierbier

Da liegt man gemütlich im Park und bekommt plötzlich Lust auf ein Feierabendbier, doch alle Geschäfte haben schon geschlossen. Was nun? Kein Problem, dafür gibt es Kioske. Meist befinden sie sich auch noch genau dort, wo Lebensmittelläden in weiter Ferne sind, und haben wie Münchens bekanntester Kiosk an der Reichenbachbrücke oft auch noch 23 Stunden geöffnet. Der Betreiber Harald Guzahn versorgt hier Münchner und Touristen mit mehr als 2000 Artikeln, darunter auch mehr als 100 Biersorten. Manch unscheinbares, abgelegenes Hüttchen hat sich zum gut sortierten Kiosk gemausert und bietet oft rund um die Uhr Biokost und diverse Biersorten feil. Auch so manch verlassenes Klohäusel kam inzwischen zu neuer Ehre als kleine Jausenstation – etwa das „Fräulein Grüneis", ein Bio-Szenekiosk mit Ökoessen und Caféflair am Eisbach.

Als „Kiosk" versteht die Stadt offiziell einen Laden, den der Kunde nicht betreten darf und der seine Waren direkt auf die Straße verkauft. Etwa 50 dieser kleinen Läden und Jausenstationen gibt es in der Innenstadt, darunter auch sogenannte Spätis (Kurzform für Spätkauf) wie der 23-Stunden-Kiosk direkt an der Münchner Freiheit, ein verglaster, nachts neonbunt leuchtender Kiosk. Die Ladenschlusszeiten können solche Kioske nur deshalb weitgehend umgehen, weil sie keine Ausschanklizenz haben. Das bedeutet, dass jeder Gast nach 20.00 Uhr nur Flaschenbier bekommt, das er sich selbst öffnen muss und nicht direkt vor Ort trinken darf.

Kiosk an der Reichenbachbrücke.

Die Isar-Göttin

So wie der Münchner Liedermacher Konstantin Wecker: „Die Isar ist eine Göttin", erklärte er einmal in einem Interview, und fuhr fort: „Für mich persönlich hat die Isar – und das meinte ich mit der Göttin – etwas, was mein tiefstes Inneres immer bewegt hat. Sie ist für mich mehr Heimat als vieles andere. Ich spreche von den Kindheitszauber-Orten, den Klängen, den Gerüchen."

Wecker erinnert sich gern an unbeschwerte Kindertage, als seine Mama ihm im Sommer in der Isar das Schwimmen beigebracht hat. „Ich bin im Lehel groß geworden, am Mariannenplatz, direkt über der Brücke liegt die Praterinsel. Damals war dort unten an der Kiesbank ein Damm, von dem man ins Wasser springen konnte. Das war unser Lido." Bereits im Jahr 1976 veröffentlichte Wecker den Song „Wenn der Sommer nicht mehr weit ist" – die ideale Hymne fürs Isarschwimmen, denn bis heute treibt es die Münchner bei den ersten Sonnenstrahlen hinaus in die Isarauen, wo man auf ein buntgemischtes Publikum trifft. Da üben Familien mit ihren Kindern, wie man flache Steine übers Wasser hüpfen lässt. Studenten schwänzen ihre Vorlesung, weil das Wetter heute gar so schön ist, und Rentner drehen mit ihrem Hund noch schnell eine Gassirunde, bevor sie sich für eine kleine Pause ein schattiges Plätzchen in Wassernähe suchen.

Schönstes Haidhausen: Der heute vom Deutschen Alpenverein als Treffpunkt für Jugendliche genutzte Kriechbaumhof in der Preysingstraße ist eine ehemalige Herberge, in der im 18. und 19. Jahrhundert Zugezogene eine neue Bleibe fanden.

„Wenn der Sommer nicht mehr weit ist / und der Himmel violett, / weiß ich, dass das meine Zeit ist, / weil die Welt dann wieder breit ist, / satt und ungeheuer fett."

Konstantin Wecker

Bei den vielen Biergärten und Kiosken entlang der Isar kann sich jeder mit einer leckeren Brotzeit versorgen.

An der Isar-Riviera

Wer die Isar weitläufig erkunden will, macht das am besten mit dem Rad, zumal es in der Stadt auch überall Leihstationen für Fahrräder gibt und es sich hier entlang des Flusses so geruhsam in die Pedale treten lässt, dass man gar nicht glauben mag, dass man sich mitten in einer Millionenstadt befindet. Für Radler verläuft hier im Süden eine der wichtigsten Verbindungen in den nördlichen Teil der Stadt. Der Streckenabschnitt durch München ist Teil des 290 Kilometer langen Isar-Radweges, der von Mittenwald bis Plattling führt.

Einer der beliebtesten Plätze am Fluss ist der Flaucher, der sich von der Brudermühlbrücke über den Tierpark bis zur Stadtgrenze im Süden erstreckt. Hier ist auch das Grillen erlaubt, sofern man kein Bodenfeuer entfacht, sondern einen eigenen Grill mitbringt. So kommt man manchmal ins Gespräch, wenn man den Nachbarn fragt, ob man die mitgebrachten Würstl mit auf seinen Grill legen darf. An lauen Sommerabenden liegen hier verführerische Duftschwaden von Gegrilltem in der Luft, und die Isar erweist sich auch als ideal zur Kühlung für

Betrifft: Natur

Special

Der Isar-Plan

Die Isar-Renaturierung ist ein gelungenes Beispiel für die Befreiung eines voralpinen Wildflusses aus seinem urbanen Korsett.
Zunächst erweiterte man das Flussbett und setzte die Hochwasserdeiche instand. Dann wichen die steinernen Ufer flachen, teilweise begehbaren Ufern. So entstanden Kiesflächen und natürliche Uferformationen mit vielen Erholungsmöglichkeiten für die Münchner.

Lauschiges Plätzchen: am Isarufer.

Rund um den Pariser Platz in Haidhausen tragen viele Straßen französische Namen. Deshalb wird die Gegend auch „Franzosenviertel" genannt.

Urgemütliche Bistroatmosphäre miten in Haidhausen: im Lollo Rosso in der Wörthstraße.

Am Wiener Platz: Etwa zwei Drittel der Häuser in Haidhausen stammen noch aus der Zeit vor 1914 und blieben von den Zerstörungen des Zweiten Weltkriegs verschont.

Coffee to go beim Maximilianeum, dem repräsentativen Abschluss der Maximilianstraße in Haidhausen: Ein Platz an der Sonne ist hier immer begehrt.

Das im Jahr 1981 fertiggestellte, 114 Meter hohe Hypo-Hochhaus (oben) in Bogenhausens Arabellapark (rechts) war das erste Hochhaus in München, das die Türme der Frauenkirche überragte.

Von der Abendsonne in warme Goldtöne getaucht: Das oberhalb der Isar thronende, 1857 bis 1874 errichtete Maximilianeum ist seit 1949 Sitz des Bayerischen Landtags.

einige Kisten Bier. „Isar-Riviera" nennen die Münchner die Inseln nahe dem Flauchersteg – sie sind eine beliebte Sonnenterrasse für Nacktbader. Im Sommer erreichen die Wassertemperaturen bisweilen fast 20 Grad, und dank Aufrüstung verschiedener Klärwerke mit Ultraviolettlicht-Desinfektionsanlagen ist auch die Wasserqualität inzwischen top.

Ein Flussbad im Herzen der Stadt?

Deshalb träumen die Münchner bereits von einem Flussbad nach dem Vorbild der „Flussbadis" in Zürich. „Wir müssen neue öffentliche Räume schaffen und auch ein neues Level im Umgang miteinander mitten in dieser Stadt lernen, Respekt, Toleranz, Offenheit. Dafür steht die Idee eines Flussbades", sagt Benjamin David vom Verein Isarlust, der sich dafür einsetzt, den innerstädtischen Isarraum als öffentlichen Raum für soziale Kommunikation, kulturelle Begegnung sowie als Naturschutzgebiet für alle Münchner wiederzuentdecken. Entstehen soll das Flussbad im Herzen der Stadt, am Westufer der „großen" Isar im Abschnitt zwischen der Reichenbachbrücke und der Ludwigsbrücke. Ein schwieriges Gebiet, in dem Baden bislang nicht erlaubt war, weil es wegen einiger Wehre unpassierbare Hindernisse gibt. Immerhin gibt es aber schon jetzt am Vater-Rhein-Brunnen den traditionellen Kulturstrand mit Kiosk und Kulturbühne, an dem man zum Sundowner im Liegestuhl seine Füße in den aufgeschütteten Sand stecken kann. Als Teil des Renaturierungsprogrammes wurden Betonschwellen im Flussbett entfernt und Ufer abgeflacht und durch neue Kiesflächen viele Erholungsmöglichkeiten geschaffen.

Direkt am Deutschen Museum entstand im Seitenarm der „kleinen" Isar ein Biotop, in dem sich inzwischen sogar wieder Biber angesiedelt haben.

Magie aus Wasser und Steinen

Auch Saskia Diez liebt die Nähe zum Fluss. Das Atelier der Schmuckdesignerin liegt nur wenige Meter von der Isar entfernt im Glockenbachviertel, und an manchen Tagen kann man sie vielleicht im Flussbett nach schönen Kieselsteinen suchen sehen. Denn ihre Liebe zu München hat sie in einer sehr persönlichen Kollektion namens „Isar" verarbeitet. Und

Am Monopteros, einem in der ersten Hälfte des 19. Jahrhunderts errichteten Rundtempel im griechischen Stil, überblickt man den südlichen Englischen Garten.

„Vom Ernst des Lebens halb verschont ist der schon, der in München wohnt."

Eugen Roth

da gleicht kein Anhänger oder Ring dem anderen. Denn das Gestein der runden Kiesel schillert in vielen Farben, und mancher ist zudem von herrlichen Mustern überzogen. Die schönsten Steine, die sie am Isarufer findet, lässt sie zu kleinen Kugeln schneiden und danach polieren.

Vielleicht trifft man aber auch auf Pfarrer Helmut Gottschling von der St. Lukas Kirche, wenn er gegenüber am Kieselstrand beim Müllerschen Volksbad Isarwasser abschöpft, um damit eine Flusstaufe vorzunehmen. Naturverbundenheit allein oder Münchenheimweh reichen für eine solche Taufe mit Isarwasser allerdings nicht aus, sagt Gottschling, man müsse schon Mitglied seiner Pfarrei sein.

Adam und Eva unverhüllt?

Vom „Isarflimmern mitten im Paradies" weiß der bayrische Bluessänger Willy Michl ein (hymnisches) Lied zu singen. An paradiesische Zustände denkt man auch, wenn man im Norden des Englischen Gartens Johannes Rosenhuber und seine 400 Schafe entdeckt. Es sind Szenen wie auf einem niederländischen Landschaftsgemälde: Ein Schäfer steht mit Hirtenstab in seiner Herde, die unter hohen Bäumen auf den saftig grünen Weiden der Isarauen grast. Tatsächlich gibt es Schafe im Englischen Garten schon seit mehr als 200 Jahren. Noch bevor der Hofgärtner Friedrich Ludwig von Sckell dem Park den letzen Schliff gab, ließ Kurfürst Karl Theodor im Jahr 1789 einen Volkspark mit landwirtschaftlichen Musterbetrieben anlegen, zu dem auch Schafe gehörten. Johannes Rosenhuber jedoch ist ein moderner Wanderschäfer, seine flauschigen Wolltiere sind dank ihrer Gefräßigkeit als Landschaftspfleger im Einsatz. Sie halten das Gras kurz und verhindern, dass der Park an abgelegenen Stellen zuwuchert.

Wer beim Stichwort „Paradies" an die legendären Nackerten vom Englischen Garten denkt, die eine Zeitlang als Touristenattraktion in keinem Reiseführer fehlen durften, dem sei gesagt: *tempi passati*. Lange vorbei sind auch die Zeiten von *love and peace*, als es noch Blumen vom Monopteros regnete und einmal in der Woche sogar ein Briefträger dorthin radelte, um all den Aussteigern und Hippies, die den Kulthügel zu ihrem Zweitwohnsitz machten, ihre Post vorbeizubringen. Heute müsste es schon mal wieder Goldblättchen vom Friedensengel regnen, damit es die Münchner in Ekstase versetzt. Zuletzt geschah dies im Jahr 1983, als das Denkmal an der Isar eine neue 24-karätige Blattvergoldung bekam und der Wind immer etwas Goldstaub vom Engel flitterte. Neue Flügel hatte der marode Engel schon zuvor bekommen, denn absturzgefährdete Himmelsboten, das lässt hier keiner zu.

Idyllische Einkehr (mit Kinderspielplatz) bietet der Biergarten Aumeister am nördlichen Ende des Englischen Gartens.

Auch am Chinesischen Turm im Englischen Garten gibt es einen schönen Biergarten.

Beim Seehaus am Kleinhesseloher See im Englischen Garten kann man Stunde um Stunde herrlich verbummeln …

Die angenehmsten Badeplätze

Mit allen Wassern gewaschen

Zu Münchens schönsten Badeplätzen hat es keiner weit. Die Isar fließt mitten durch die Stadt und gehört mit ihren Kieselstränden genau so fest ins Freizeitprogramm wie besonders reizvolle Schwimmbäder. Auch viele Badeseen liegen mitten im Einzugsgebiet der Stadt.

1 Flaucher

Der bekannteste Isarstrand ist der Flaucher im Bereich der Tierparkbrücke. Das Sonnenbad auf dem Kiesufer erfordert eine gute Unterlage; gebadet wird in erfrischenden Gumpen, welche die Isar ins Kiesbett gespült hat. Es gibt FKK-Plätze, Grillen ist erlaubt – und auch der Biergarten nicht weit.

Mit dem MVV zum Flaucher: U3 zur Brudermühlstraße oder Thalkirchen (Tierpark)

2 Naturbad Maria Einsiedel

Im Naturfreibad Maria Einsiedel in Thalkirchen schwimmt man ganz ohne Chlor und Chemie, denn das Bad wird vom Isarkanal mit erfrischendem Wasser gespeist. Mikroorganismen übernehmen die biologische Reinigung im 2750 m² großen Schwimmer-/Nichtschwimmerbereich und im Kinderplanschbecken

Zentralländstraße 28,
Tel. 01801 79 62 23,
81379 München,
www.swm.de

3 Schwabinger Bach

Im Sommer kann es in der Stadt ganz schön heiß werden. Deshalb nutzen die Münchner auch immer mal wieder den südwestlich am Monopteros vorbeifließenden Schwabinger Bach zur Abkühlung. Hier kann man stellenweise sogar im Wasser stehen, so seicht und leicht zugänglich ist das Bächlein. Offiziell ist das Baden im Englischen Garten zwar nicht erlaubt, aber in den letzten Jahren wurde es zumindest toleriert.

4 Langwieder Seenplatte

Relativ nah an der A 8 von München nach Stuttgart gelegen, ist der Langwieder See Teil eines abwechslungsreichen Freizeitparadieses, zu dem auch noch der Birkensee und der Lußsee gehört. Während sich am Birkensee FKK-Anhänger treffen, wird der Lußsee vor allem von jungen Familien besucht.

Badebus (Linie 96) alle 20 Min. vom S-Bahnhof Lochhausen in wenigen Minuten zum See.

5 Dreiseenplatte

Ebenfalls im Münchner Nordwesten bilden der Feldmochinger See, der umgeben von Bäumen und Sträuchern fast schon ländlich wirkt, der mittlere Fasaneriesee und der Lerchenauer See mit bereits urbaner Kulisse eine weitere Dreiseenplatte. Alle drei entstanden aus umgestalteten Baggerseen.

Mit dem MVV zur Dreiseenplatte: Fasanerie (S1), Feldmoching (U2, Bus 172)

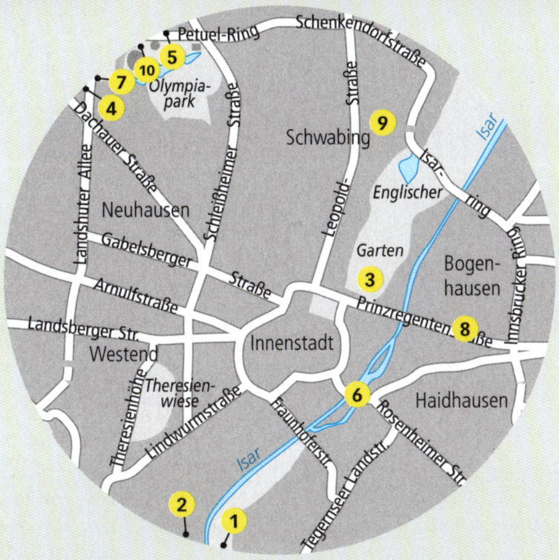

6 Müllersches Volksbad

In diesem Jugendstil-Juwel von 1901, in unmittelbarer Nähe zur Ludwigsbrücke und zum Deutschen Museum gelegen, darf man nicht nur über die originalgetreue Bausubstanz staunen, sondern auch wirklich schwimmen und saunieren. Der stilvolle Badetempel entstand ursprünglich als öffentliches Wannenbad in einer Zeit, als private Badezimmer noch Luxus waren.

Rosenheimer Str. 1,
81667 München,
Tel. 089 23 61 50 50,
www.swm.de

7 Dantebad

Im Sommer ist das Dantebad eines der schönsten Freibäder der Stadt. Aber auch im Winter, wenn es draußen klirrend kalt wird, hat es immer noch, sogar täglich bis 23.00 Uhr, geöffnet: In dieser Zeit wird das Wasser im Stadionbecken auf 27 Grad, das Wellnessbecken mit Massagedüsen und Strömungskanal auf mehr als 30 Grad geheizt.

Postillonstraße 17,
80637 München,
Tel. 089 23 61 50 50,
www.swm.de

8 Prinzregentenbad

Wo im Winter Eisläufer ihre Runden drehen, kommt im Sommer Strandfeeling auf. 500 Tonnen feinster Sand bedecken dann diese Fläche im Prinzregentenbad im noblen Stadtteil Bogenhausen. Genügend Platz für die Badegäste zum Chillen im Liegestuhl, Sandburgenbauen oder Beach-Volleyballspielen. Eine Strandbar sorgt für Sommer-Drinks, und der große Pool wartet gleich nebenan.

Prinzregentenstr. 80,
81675 München,
Tel. 089 23 61 50 50,
www.swm.de

9 Ungererbad

Als die Münchner fummeln lernten, stand das Ungererbad ganz hoch im Kurs: In dem Schwabinger Filmklassiker „Zur Sache Schätzchen“ von 1967 lernten sich Barbara (Uschi Glas) und Martin (Werner Enke) hier kennen, und bis heute vermittelt das Freibad ein Stück Schwabinger Lebensgefühl für Studenten, Szenegänger und Familien. Hier sonnt sich, wer gesehen werden will, und ein FKK-Bereich gehört natürlich auch dazu.

Traubestraße 3, 80805 München, Tel. 089 23 61 50 50,
www.swm.de

10 Waldschwaigsee

Eine kleine natürliche Insel gibt dem Waldschwaigsee mitten im Dachauer Moos bei Karlsfeld ein besonders romantisches Flair. Das Inselchen steht zwar als Brutplatz für Wildgänse unter Naturschutz und darf folglich nicht betreten werden; alternativ dazu hat man aber eine fest installierte Holzbadeinsel im Baggersee verankert. Einen kleinen Kiosk gibt es auch; nur ein Rad sollte man zum Hinkommen dabeihaben.

Vom S-Bahnhof Karlsfeld (S2) in 3,5 km am besten mit dem Rad zu erreichen.

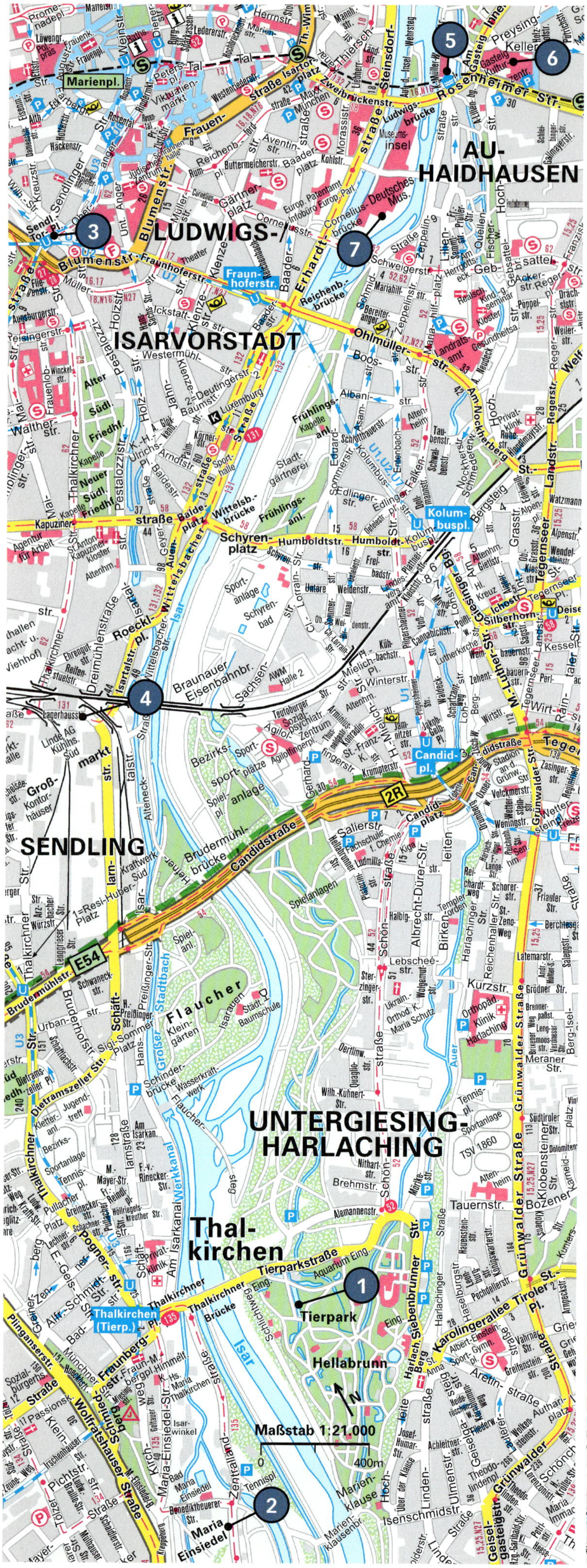
LUDWIGS-
ISARVORSTADT
AU-
HAIDHAUSEN
SENDLING
UNTERGIESING-
HARLACHING
Thal-
kirchen
Tierpark
Hellabrunn
Flaucher
Marienpl.
Fraunhoferstr.
Kolumbuspl.
Candidpl.
Thalkirchen (Tierp.)
Maria Einsiedel
Maßstab 1:21.000
400m
1
2
3
4
5
6
7
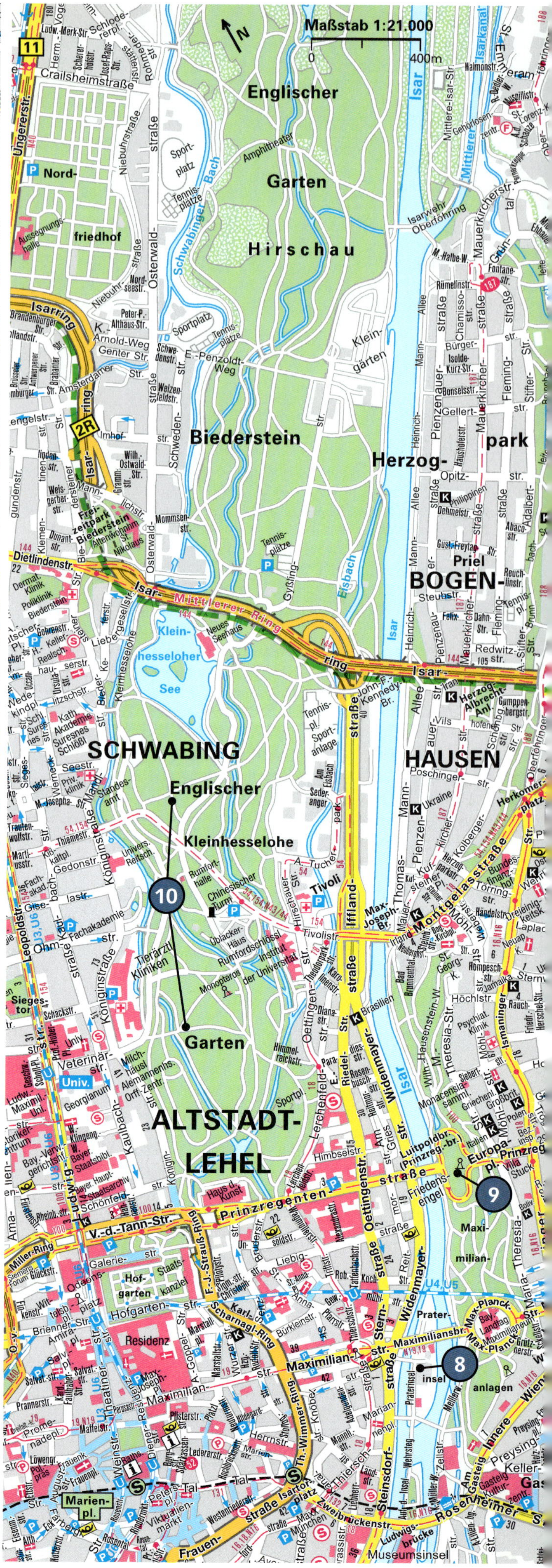
Maßstab 1:21.000
400m
Englischer
Garten
Hirschau
Biederstein
Herzog-
park
BOGEN-
HAUSEN
SCHWABING
Englischer
Kleinhesselohe
Garten
Kleinhesseloher See
ALTSTADT-
LEHEL
Residenz
Hofgarten
Prinzregentenstr.
Maximilianstr.
Isar
Marienpl.
Museumsinsel
Maximilian-
anlagen
8
9
10

Urbane Lebensader

Baden, Grillen und Erholen am Stadtstrand – das Freizeitvergnügen an der Isar ist vielfältig. Schließlich durchfließt sie von Südwesten her kommend in nordöstlicher Richtung die ganze Stadt und passiert dabei traditionsreiche Viertel wie Thalkirchen, Sendling, Isarvorstadt, Haidhausen, Lehel, Schwabing und Bogenhausen.

Allgemeine Hinweise

Die Isar ist ein in den Alpen, im Tiroler Teil des Karwendels im Hinterautal, entspringender, bei Deggendorf in die Donau mündender Wildfluss, der auf etwa 14 km Länge mitten durch die Stadt fließt. In die **Isarauen** **TOPZIEL** – so der Name der Flussniederungen allgemein wie des gleichnamigen Münchner Landschaftsschutzgebietes – kommt man zum Baden, Grillen und Radeln.
Freizeitinfos am Fluss: Über eine interaktive Satellitenkarte lassen sich auf der Isar-App Infos zu jedem Standort abrufen: Grillplätze, Kioske, Biergärten, Spielplätze, öffentliche Toiletten, Abfallbehälter in Isarnähe sowie aktuelle Hochwassermeldungen, https://isar-map.de.
Übersicht legaler Badebereiche: www.muenchen.de/freizeit/orte/119332/baden-isar.html

Tipp

Schmucke Tracht & Isarkieselschmuck

„Vielleicht ist die Tracht am lebendigsten dort, wo diejenigen, die sie tragen, keine Tracht darin sehen, sondern einfach ihre Kleidung", sagt Alexander Wandinger, Leiter des Trachten-Informations-Zentrums im Kloster Benediktbeuern. Dabei ist so eine bayerische Tracht durchaus eine Investition wert, will man davon auch länger etwas haben. Trachtentraditionshäuser wie **Angermaier** oder **Lodenfrey** bieten in München qualitätvolle Einsteigermodelle. Exotischer zu geht es im Glockenbachviertel im **Noh Nee**, wo zwei Frauen aus Kamerun Designer-Dirndl aus afrikanischen Stoffen schneidern. Im selben Viertel verarbeitet auch **Saskia Diez** Isarkiesel zu schönen Schmuckstücken.

INFORMATION
Trachten: www.trachten-angermaier.de, www.lodenfrey.com, www.dirndlalafricaine.com; Isarkieselschmuck: www.saskia-diez.com

Die Isar als riesiges Freizeitgelände: ob zum Slacklining bei der Luitpoldbrücke, zum Surfen an der Floßlände in Thalkirchen oder zum Chillen und Grillen am Isarkieselstrand.

Der gemeinnützige Verein **Isarlust e.V.** macht sich u.a. für ein öffentliches Flussbad im Stadtzentrum stark und bietet Stadtführungen an der Isar sowie jeden 2. So. im Juli einen gemeinsamen Flussbadetag an (Kapuzinerstraße 52, Tel. 089 51 81 87 40, www.isarlust.org).

AKTIVITÄTEN
Radverleih: An 125 Nahverkehrs-Haltestellen und zentralen Punkten stehen 1200 Leihräder der Münchner Verkehrsgesellschaft (MVG) zur Verfügung. Um das System zu nutzen, benötigt man die kostenlose App „MVG more", www.mvg.de/services/mobile-services/mvg-rad.html. In den Auskunftszentren der Touristeninfo (siehe S. 43) gibt es einen kostenlosen Radlstadtplan mit ausgewiesenem Radwegenetz. Einen interaktiven Plan fürs Handy findet man etwas versteckt auf www.muenchen.de/rathaus/Stadtverwaltung/Referat-fuer-Gesundheit-und-Umwelt/Nachhaltige_Entwicklung/Mobilitaet_und_Verkehr/Radlstadtplan.html. Der Mobile Radverleih München bringt mit seinem Lieferservice Räder direkt zum persönlichen Wunschort in München und Umgebung. Tagespauschale ab 10 € (Am Isarkanal 24, Tel. 0173 386 07 66, http://bikebringer.de).
Fahrradtouren: Der Veranstalter Spurwechsel bietet eine geführte dreistündige Themen-Radtour entlang der Isar vom Englischen Garten bis zur Floßlände an (24,00 Euro mit Leihrad, www.spurwechsel-muenchen.de).
Floßfahrten: siehe DuMont-Aktiv, S. 81.
Kioske: siehe den Tipp auf S. 80 und das Special auf Seite 69. Alle Kioske an der Isar finden Sie im Internet unter: https://isar-map.de
Siehe auch: Die angenehmsten Badeplätze (Unsere Favoriten, S. 76/77)

RESTAURANTS UND GASTSTÄTTEN
€€€ Asamschlössl (Maria-Einsiedel-Straße 45, 81379 München, Tel. 089 723 63 73, www.asamschloessl.de). Das rustikale Restaurant mit Biergarten in einer Villa aus dem 18. Jh. serviert bayerische Spezialitätenküche.
€€€ Gutshof Menterschwaige (Menterschwaigstraße 4, 81545 München, Tel. 089 64 07 32, www.menterschwaige.de). Bayrisch-internationales Gourmetrestaurant im tradi-

Oben links: Elisabethmarkt in Schwabing.
Oben rechts: Maximilianeum in Haidhausen.
Links: Tierpark Hellabrunn in Thalkirchen.

Tipp

Muttergottes

Zum Dank, dass ihn die Muttergottes vor den Todesgefahren der Isarfluten bewahrt hatte, baute der Schleusenwärter des Auer Mühlbachs, Martin Achleitner, 1866 am Isarufer auf Höhe des südl. Endes des Tierparks in Thalkirchen eine **Marienklause** in den Steilhang. Unterhalb der von Bäumen und Sträuchern versteckten Holzkapelle, in deren Altarraum sich eine Marienfigur befindet, entspringt eine kleine Jakobsquelle und schließt sich ein Kreuzweg mit steinernen Stationen und Freiluftaltar an. Noch immer besuchen viele Menschen die idyllisch gelegene Klause, wovon zahlreiche Votivtafeln, Heiligenbilder und Kerzen zeugen.

tionsreichen Gutshof mit beheizter Terrasse und Biergarten.
€€ St. Emmeramsmühle (St. Emmeram 41, 81925 München, Tel. 089 95 39 71, www.emmeramsmuehle.de). Das Restaurant in einer ehemal. Mühle aus dem 19. Jh. bietet moderne bayerische Gerichte. Viele Schwabinger Künstlergesellschaften ließen sich früher vom Fährmann über die Isar setzen, um hier im Biergarten zu feiern. Heute kann man sich einen Bollerwagen mit Speisen und Getränken im Picknickkorb, Decken und Kissen sowie einem Plan vom Englischen Garten, sogar mit Sonnenschirm, bestellen.

€€ Wirthaus in der Au (Lilienstraße 51, 81669 München, Tel. 089 448 14 00, www.wirtshausinderau.de). Das 1901 gegründete bayerische Wirtshaus mit Biergarten ist bekannt für Knödel und Jazzmusik. Hier hat schon Karl Valentin seine Knödel mit Genuss gegessen.
Siehe auch: Unsere Favoriten, „Die gemütlichsten Biergärten", S. 114/115.

INFORMATION
www.muenchen.de/freizeit/orte/119332.html

1 – 2 Thalkirchen

Der im Jahr 1911 gegründete 1 **Tierpark Hellabrunn** (Tierparkstraße 30, www.hellabrunn.de, Nov.–März 9.00–17.00, April–Okt. bis 18.00 Uhr) gehört zu den renommiertesten wissenschaftlich geführten Zoos Europas und gilt als erster Geo-Zoo der Welt: Seit 1928 leben die Tiere hier auf einem nach Kontinenten gegliederten Gelände. Mehr als 750 Tierarten und 19 000 Tiere kann man so unter relativ natürlichen Lebensbedingungen beobachten. Im 2 **Naturfreibad Maria Einsiedel** schwimmt man in erfrischendem Wasser direkt aus dem Isarkanal (siehe „Die angenehmsten Badeplätze", S. 76/77).

3 – 4 Sendling

1175 erhielt München einen ersten Stadtmauerring, ab 1300 baute man für die schnell wachsende Stadt bereits einen neuen. Als südlicher Ausgang entstand um 1310 das 3 **Sendlinger Tor** mit einem mittleren Torturm, zwei sechseckigen Flankentürmen und drei Durchgängen. 1808 trug man den Torturm ab, 1906 vereinigte man die Durchgänge zu einem. Auf das ausrangierte Ausflugsschiff **MS Utting** vom Ammersee wartete keine Schrottpresse – es strandete auf dem Trockenen, auf einer stillgelegten Eisenbahnbrücke am 4 **Großmarkt**, wo es nicht nur einen schmucken Blickfang bildet, sondern auch kulturell und gastronomisch genutzt werden kann (Lagerhausstraße 5, 81371 München, Veranstalterprogramm: www.bahnwaerterthiel.de, www.wannda.de).

5 – 6 Au-Haidhausen

Das 5 **Müllersche Volksbad** (siehe auch: Unsere Favoriten, „Die angenehmsten Badeplätze", S. 76/77) ist ein Jugendstiljuwel. Der **Bayerische Landtag** (Max-Planck-Str. 1, Tel. 089 41 26-0, www.bayern.landtag.de) ist seit dem Jahr 1949 im 6 **Maximilianeum** untergebracht. Der Bau auf dem östlichen Isarhochufer in Sichtachse zur Maximilianstraße beherbergt seit 1876 auch eine Stiftung für begabte Studenten. Besucher können nach vorheriger Onlineanmeldung an Plenar- und Ausschusssitzungen teilnehmen: landtag@bayern.landtag.de.

7 Ludwig-/Isarvorstadt

Das 7 **Deutsche Museum** TOPZIEL (Museumsinsel 1, www.deutsches-museum.de, tgl. 9.00–17.00 Uhr) ist eines der bedeutendsten und größten naturwissenschaftlich-technischen Museen der Welt. Jährlich lassen sich rund 1,5 Mio. Besucher von 50 Themengebieten und 30 000 Exponaten zum Staunen und Ausprobie-

Tipp

Isarwahn

Als Cornelia und Gundolf Straub im Jahr 2000 die damals ziemlich heruntergekommene „Location" übernahmen, gab es viel zu tun: Biergartenmöbel zimmern, Elektrizität einrichten und dem Ganzen einen neuen Anstrich geben. Heute herrscht im Isarwahn, einem der typischen Münchner Kioske (siehe auch DuMont-Special S. 69), eine angenehme Atmosphäre, die auch viele Studenten zu schätzen wissen. Hauptgeschäft in heißen Sommern ist natürlich das Bier – bis zu 70 Prozent werden dann „nach unten an die Isar" verkauft.

INFORMATION
Humboldtstraße 2 (an der Wittelsbacherbrücke), tgl. 11.00–24.00 Uhr, im Winter nur bei schönem Wetter an den Wochenenden

ren animieren. Besonders beliebt sind die fast 1 km lange Stollenwelt (eine tief unters Museum führende Bergbauanlage) und die Sternenshow im Planetarium. Wegen Sanierungsarbeiten sind bis 2025 nicht immer alle Bereiche zugänglich. Nördlich der Ludwigsbrücke thront ebenfalls auf der Museumsinsel der Flussgott Rhein, dem der neobarocke, ursprünglich aus Straßburg stammende Vater-Rhein-Brunnen gewidmet ist. Im Sommer (Mitte Mai–Aug.) siedelt sich hier der **Kulturstrand** an, ein Event mit Urlaubsfeeling samt Liegestühlen, Kulturbühne und Kiosk (www.kulturstrand.org).

8 Altstadt-Lehel

Auf der 8 **Praterinsel** bieten die Fabrikhallen einer ehemaligen Schnapsbrennerei einen schönen Rahmen für Veranstaltungen (www.feinkost-kaefer.de/praterinsel). Neben Künstlerateliers befindet sich hier auch das **Museum des Deutschen Alpenvereins**. Im „Café Isarlust" im Garten des Museums kann man in Sonnenliegen sitzen und dabei direkt auf die Isar schauen (Praterinsel 5, www.alpen verein.de, Di.–So. 10.00–18.00 Uhr).

9 Bogenhausen

Über die Prinzregentenstraße wacht in Isarnähe auf einer 38 m hohen Säule die goldene Statue des 9 **Friedensengels**, als griechische Siegesgöttin Nike dargestellt. Das Denkmal soll an das 25-jährige Jubiläum des Friedensschlusses nach dem Ende des Deutsch-Französischen Krieges (1870–1871) erinnern.

10 Schwabing

Isarabwärts breitet sich im Nordosten der Stadt mit dem 10 **Englischen Garten** TOPZIEL einer der größten Stadtparks der Welt aus. Sein Name wurde von englischen Landschaftsgärten abgeleitet, die sich Friedrich Ludwig von Sckell 1789 bei der Gestaltung des Geländes zum Vorbild nahm. Die 375 ha große Grünanlage zwischen japanischem Teehaus im Süden, dem Biergarten **Aumeister** im Norden und den weltbekannten Surfern am **Eisbach** (siehe DuMont-Aktiv, S. 43) hat eine unverwechselbare Atmosphäre.
Auf dem **Chinesischen Turm** spielt bisweilen eine Blaskapelle für den dortigen Biergarten. In der Adventszeit wird ein kleiner Christkindlmarkt abgehalten, am 3. So. im Juli findet ab 6.00 Uhr früh der Kocherlball unter dem Turm statt. Dienstleute erfanden diesen Ball gegen Ende des 19. Jh.s, um in aller Herrgottsfrüh ungestört feiern zu können, während ihre Herrschaft in der Kirche war. Von dem auf einer Anhöhe stehenden Tempelchen **Monopteros** reicht der Blick sogar bis zur Innenstadt. Gleich gegenüber befindet sich die **Schönfeldwiese**, eine der offiziellen FKK-Zonen der Stadt, die den Park als einen symbolischen Ort der Weltoffenheit Münchens weltbekannt machte.

Genießen Erleben Erfahren

DuMont Aktiv

Leinen los!

Eine Floßfahrt ist eine feuchtfröhliche Angelegenheit. Deshalb fährt es sich am besten, wenn man damit rechnet, dass man klitschnass wird. Vor allem dann, wenn das Floß auf die längste Floßrutsche Europas im Mühltal bei Straßlach zusteuert. Die Blaskapelle an Bord spielt „Highway to Hell", und dann geht es auch schon abwärts. Das Floß beschleunigt auf fast 50 Stundenkilometer, wenn es die 345 Meter lange Rampe nach unten saust.

Hatte die Flößerei ihren Ursprung im 12. Jahrhundert im Holz- und Warentransport, wird sie heute zuvörderst als Gaudi für Gäste veranstaltet. Bis zu 60 Gäste passen auf so ein Floß, das bei einer Streckenlänge von 30 Kilometern um die fünf bis sieben Stunden von Wolfratshausen bis zur Zentrallände nach Thalkirchen unterwegs ist. Sogar ein rustikales Klohäusl hat auf dem Floß Platz gefunden.

Unten fließt die Isar und oben das Bier. Oder war es umgekehrt? Je mehr es einen auf der Floßrutsche durcheinanderwirbelt und je stürmischer man seinen Maßkrug leert – es kann schon mal passieren, dass man nicht mehr so genau weiß, wo oben und unten ist. Denn für Bierseligkeit ist reichlich gesorgt, und es wird solange ein neues Bierfass angezapft, bis auch die gute Laune hohe Wellen schlägt.

Weitere Informationen

Anreise mit der S-Bahn (S7) nach Wolfratshausen. Fahrtzeit vom Hbf ca. 40 Min. Die Flöße verschiedener Anbieter (www.muenchen.de/freizeit/isar-flossfahrt.html) fahren von der Wolfratshausener Floßlände bis München Thalkirchen. Abfahrt ca. 9.00 Uhr, Ankunft ca. 16.00 Uhr. Saison: Anfang Mai–Mitte Sept.

P1

Weltstadt mit Bühne(n)

Außerhalb Münchens gilt die Stadt vor allem als Feiermetropole der Schickeria, auch wenn die ihren Reichtum nicht mehr ganz so exzessiv in aller Öffentlichkeit zur Schau stellt wie früher. In München selbst setzt man zwischen Bargeflüster und Szenekneipe eher auf lässiges Understatement. Oder um es mit Helmut Dietl zu sagen: „A bissel was geht immer.“

„München – das hat der liebe Gott irgendwann so beschlossen – ist FC Bayern, Hofbräuhaus, Oktoberfest und P1.“ (Rainald Goetz)

Kettenkarussell auf der dreimal im Jahr stattfindenden Auer Dult: Ja, wohin fliegen sie denn?

„Die Stadt ist wie gemacht für Feste; feiert sie, zeigt sie ihr wahres Gesicht."

Erika Mann

Diese Stadt ist eine Bühne. Schon beim ersten Sonnenstrahl werden in den Cafés und Restaurants die Stühle nach draußen gestellt, denn wenn die Münchner ausgehen, findet vieles im Freien statt. Sehen und gesehen werden, darauf kommt es an. Schließlich gibt es in München das ganze Jahr über einen Anlass zum Feiern. Im Frühjahr gehört der Starkbieranstich am Nockherberg mit dem traditionellen „Politiker-Derbleck'n" (bei dem Kabarettisten die bayerische und die deutsche Politik aufs Korn nehmen) zum Münchner Jahresablauf wie der Fasching und dann im Herbst das Oktoberfest: Spätestens bei dieser größten Party der Welt wundert sich so mancher Besucher, wie die Einheimischen solch exzessive Feier-Marathons überstehen. Der Münchner lebt halt gern nach der Devise: Arbeit ist das halbe Leben – aber eben nur das halbe! Der Rest ist zum Feiern da ...

In ist, wer drin ist

Wer es in München versteht, sich groß in Szene zu setzen, konnte früher noch Dauergast in den Klatschspalten einschlägiger Boulevardblätter werden. Unvergessen bleibt die Fernsehkultserie „Kir Royal" von Helmut Dietl und Patrick Süskind, denen es gelang, mit feingeistig ironischem Blick auf die Schickeria der Stadt zu schauen. Noch heute können viele die Dialoge ihrer Serienhelden auswendig zitieren: „Ich scheiß dich so was von zu mit meinem Geld!", tönt beispielsweise Mario Adorf als Klebstoff-Fabrikant Haffenloher, der endlich in eine wilde Schickeria-Party eingeschleust werden will. „In ist, wer drin ist", heißt das Gesellschaftsspiel der Reichen und Schönen, über deren Aufstieg und Fall Klatschreporter Baby Schimmerlos, gespielt von Franz Xaver Kroetz, regelmäßig in der Zeitung schreibt.

Schlüssel zum Tresor

Heute ist die – auch von der Spider Murphy Gang besungene – Schickeria längt ein Auslaufmodell. Auch das „Romagna Antica" in Schwabing, das Vorbildlokal für Dietls Spielfilm „Rossini – oder die mörderische Frage, wer mit wem schlief", gibt es nicht mehr. Weil aber jede High Society nach ihrem Nobelitaliener verlangt, landet sie heute im „H'ugo's", das sich in einem Innenhof am Promenadeplatz verbirgt. Der Promi-Pizzaiolo Ugo Crocamo streut in seinem Ristorante gern hauchdünn gehobelte Trüffel über die Pizza und trifft damit genau den Geschmack seiner Klientel. Eine sichere Bank scheint auch gleich nebenan sein Privatclub „Tresor Bar Lounge" zu sein, der mit direkter Anbindung vom „H'ugo's"

Markt, Unterhaltung, Kulinarik sind die wesentlichen Bestandteile der Auer Dult. Ursprünglich bezeichnete das Wort „Dult“ ein Kirchenfest; hier in der Au verteilt es sich auf die Maidult Ende April/Anfang Mai, die Jakobidult Ende Juli/Anfang August und die Kirchweihdult Mitte Oktober.

Links: Schauplatz der traditionsreichen Auer Dult ist der Mariahilfplatz in der Au, einem mit Haidhausen den Bezirk Au-Haidhausen bildenden Stadtviertel.

Unten: Warum nur einmal feiern, fragen sich auch die Veranstalter des Tollwood Festivals – eine privatwirtschaftliche Gesellschaft für kulturelle Veranstaltungen und Umweltaktivitäten –, wenn es auch zweimal geht? Folglich gibt es ein Sommerfestival (unten und ganz unten links/rechts) im Olympiapark Süd und ein Winterfestival auf der Theresienwiese.

Das Tollwood Festival ist nicht irgendein Festival, sondern eines mit einer Philosophie. Mit der nämlich, dass „Kultur für alle“ da sein soll. Das klingt gut – tatsächlich sollen etwa 70 Prozent der Veranstaltungen auf den Festivals bei freiem Eintritt zu erleben sein. Und zudem soll das Festival in den Worten der Veranstalter auch das Spiegelbild einer multikulturellen Gesellschaft sein: Toleranz, Internationalität und Offenheit werden als die Grundpfeiler des Festivals beschrieben.

Rechts: Zwischen Schlachthof und Großmarkt hat sich auf dem Gelände eines ehemaligen Viehhofs im Sommer ein Kulturfestival der ganz eigenen Art etabliert, mit Nachtbiergarten und leckerer Gastronomie, Blockbustern im Open-Air-Kino und cineastischen Perlen im Programmkinozelt für die Großen, einer Viehhof-Eisenbahn, Hüpfburg und Planschbecken für die Kleinsten.

Im Viehhof in Thalkirchen trifft sich Münchens alternative Szene nicht nur zum stimmungsvollen Kinobesuch, sondern auch, um Bands wie das bezaubernd-charmante oberbayerische Frauenduo „Bella" in der originellen Besetzung Kontrabass/Ukulele zu erleben.

Glück muss man haben: beispielsweise das, im Stadtviertel Haidhausen ausgehen und in der Sedanstraße in der Fortuna Cafébar einkehren zu können.

Eine gute Münchner Tradition sind Traditionsgasthäuser wie hier das Schneider Bräuhaus im Tal, das unter seinem alten Namen „Weißes Bräuhaus" immer noch bekannter ist.

Idyllisch sitzt man beim Andechser am Dom direkt zu Füßen der Frauenkirche.

aus Promigäste wie die Stammkundschaft vom FC Bayern direkt hinüber in den Club schleust, der in den ehemaligen Räumen der Privatbank Hauck & Aufhäuser untergebracht ist. Deren alte Schließfachräume bieten nun eine neue Kulisse für die Münchner Partyszene. Neben eingelassenem Goldflitter im Fußboden gibt es eine Champagner-Vitrine und pink leuchtende Aquarien mit Quallen zu bewundern. Wer sich zu Ugo Crocamos Stammgästen zählen darf, erhält übrigens seinen eigenen nummerierten Tresorschlüssel zur Lounge.

Rich Kids of Munich

Doch auch in alte Bierkneipen und Wirtshäuser sind inzwischen verstärkt trendige Bars oder Szenelokale eingezogen. Dort trifft man bärtige Hipster und schlauchbootlippige Damen mit großen Sonnenbrillen wie in anderen Großstädten auch. Aber heute bezirzen Stars und Sternchen hier keine Boulevardreporter mehr für eine Zeitungsgeschichte, sondern vermarkten sich lieber gleich selbst im Internet. Als „neue Schickeria" würde sich der Prominachwuchs sicher nicht bezeichnen. Aber ob man nun in einen Club reinkommen oder Akzeptanz in den sozialen Medien finden will – der gesellschaftliche Druck ist vergleichbar: „In ist, wer drin ist", das gilt auch hier.

Die sogenannten Rich Kids of Munich, die auf Instagram gern mit dicken Autos und protzigen Uhren prahlen, bleiben heute lieber unter sich und feiern entweder ganz privat oder mieten sich ein Séparée im „Film Casino" am Odeonsplatz. Dort können die verwöhnten Sprösslinge reicher Eltern ungestört von der Galerie hinunter aufs gemeine Tanzvolk schauen. Weil die meisten von ihnen gerade mal volljährig sind, kennen sie das alte „Film Casino" nicht mehr, das wirklich ein Kino war, keine Location zum Feiern und Dinieren, und in dem einst ein grausiger Fund gemacht wurde: die Leiche eines hier versteckten Mordopfers.

Auch in alte Bierkneipen und Wirtshäuser sind trendige Bars oder Szenelokale eingezogen.

Die Bar als Sehnsuchtsort

Für den gepflegten Absacker gab es früher nur die einschlägigen Hotelbars. Bis Charles Schumann vor mehr als 40 Jahren das „Schumann's" eröffnete. Inzwischen ist der Mann mit der bewegten Vergangenheit und dem silberweißen Haar so legendär wie seine Cocktailbar selbst. Vor allem Literaten und Journalisten schrieben das „Schumann's" in den Olymp der Trinkkultur. So wurde die Bar im Lauf der Zeit zu einem Sehnsuchtsort, dem sogar das Stadtmuseum in seiner Ausstellung „Typisch München!" Tribut zollt. Der Erfolg der Bar liegt jedoch bis heute nicht nur in der Kunst, geniale Cocktails zu mischen, sondern auch an seinen speziellen Gästen. Manche davon dürstet es nicht nur nach gut gemixten Getränken, sondern ebenso nach Aufmerksamkeit und Anerkennung vom Chef des Hauses, der an sehr guten Tagen schon mal höchstpersönlich die besten Bratkartoffeln der Stadt aufzutischen weiß, mitunter aber auch nur seine schlechte Laune zelebriert. Vielleicht besteht für viele Stammgäste ja gerade darin der Reiz, jemanden für sich einzunehmen, der nicht sofort jeden umarmt, der zur Tür hereinkommt.

„Du kommst hier nicht rein"

Was die Einlassgepflogenheiten anbelangt, stand die Nobeldisco „P1" im Haus der Kunst (oder das „Oanser" wie die Münchner sie nennen) einst im Ruf, die „härteste Tür Deutschlands" zu haben. Die Hassliebe zum „P1" ist legendär und unverkennbar zu ihrem Markenzeichen geworden. „Du kommst hier nicht rein" gehört zum Standardvokabular des Türstehers. Was selbst für manche Promis gilt, die der Türsteher nicht mag oder manchmal auch nicht erkennt.

Schlagzeilen machte der vom legendären New Yorker Studio 54 inspirierte Promiclub auch mit skandalösen Events wie einer dekadenten Römerorgie oder einer Pennerparty, bei der sich die High Society mit Klamotten aus der Altkleidersammlung verkleidete.

Sympathischer klingt da schon jene Anekdote, die man sich über einen DJ im P1 erzählt: Der soll zur Oktoberfestzeit ein Schild an seinem Pult befestigt haben, auf dem stand, dass ein Musikwunsch 150 Euro koste, ein schlechter Musikwunsch 300 Euro und der Wunsch, Helene Fischers Wiesn-Hit „Atemlos" zu hören, 1500 Euro.

In der Welt zu Hause

Der Ehrgeiz, gern dort auszugehen, wo nicht jeder reinkommt, ist typisch für München. Aktuelles Beispiel: das „Upside East", abends. Münchens spektakuläre Event-Location im gerade neu entstehenden Werksviertel schwebt in 45 Metern Höhe förmlich über den Dingen. Die sogenannte Medienbrücke ist ein gigantischer Querriegel, der aussieht, als habe man ein Hochhaus aus Angst vor dem Münchner Höhenlimit lieber gleich auf zwei turmartigen Gebäuden quer abgelegt. Der FC Bayern feierte schon im „Upside East", einige Fashionshows schickten hier ihre Models über den Laufsteg, die Nato-Sicherheitskonferenz kredenzte ihren Gästen Lunch. Das Spektakulärste ist aber nicht die Bar im 9. Stock, sondern die Freiluftterrasse darüber mit einem gigantischen Blick über die Stadt. „Genau das hat München noch gefehlt. Viel weltstädtischer sieht die Stadt von hier oben aus. Ganz wie Singapur oder New York", schwärmt ein Gast. Weltstädtisch, das wollen die Münchner gern sein. Aber zu viel davon soll es hier auch wieder nicht sein, schließlich will man sich ja auch immer noch zu Hause fühlen.

Von oben nach unten: Nightclubbing in der Bar Klenze 17, die nach dem Ort des Geschehens, Klenzestraße 17, benannt ist, im Americanos im Werksviertel und im P1 beim Haus der Kunst.

Rechte Seite: Auch ins Pacha gehen nicht nur Paschas. Der „Club für alle Münchner" residiert am Maximiliansplatz.

OKTOBERFEST

Hölle, Hölle, Hölle!

Bei klarem Verstand betrachtet ist das Oktoberfest der reinste Wahnsinn. Bis zu sieben Millionen Gäste in nur zwei Wochen machen diese größte Party der Welt zu einem Exportschlager. Aber nur in München gibt es das Original.

Anderenorts sagt man es durch die Blume, auf dem Münchner Oktoberfest gib's „a Herzerl fürs Herzerl".

Exotik ist bisweilen nur eine Frage des Standorts. Wenn die Bedienungen in Dirndln und Lederhosen Schweinshaxen, Knödel, Kraut und reichlich Bier auftragen, während zur Unterhaltung unter einer gehissten Bayernfahne Bierzeltlieder angestimmt werden, ist das auf dem Münchner Oktoberfest Alltag. Wenn sich dergleichen aber auf einer Amazonaskreuzfahrt zuträgt, ist das fast so exotisch wie die Fahrt durch den Dschungel selbst. Tatsächlich findet so ein Bayern-Event traditionell auf fast jedem Kreuzfahrtschiff von Hapag Lloyd statt – bei vielen Stammgästen ist es so beliebt, dass viele dafür sogar ihre Tracht dabeihaben.

Es ist schon eine skurrile Szenerie, wenn sich mitten auf dem Amazonas ein Expeditionsschiff in einen bayerischen Vergnügungsdampfer verwandelt, auf dem die Schiffskapelle vorsingt und sogleich mehr als hundert Passagiere mitgrölen: „Wahnsinn, warum schickst du mich in die Hölle? Hölle! Hölle! Hölle!"

Original und Kopie

Solche Mini-Oktoberfeste sind weltweit inzwischen so zahlreich, dass man über die genaue Anzahl der Oktoberfestkopien längst den Überblick verloren hat. Doch weil eine Kopie nie wirklich ans Original heranreicht, staunen Erstbesucher des Münchner Oktoberfestes oft nicht schlecht, wenn sie sich plötzlich in einem der mit mehr als 8000 Leuten gefüllten Riesenzelte wiederfinden, in dem die Gäste entweder auf den Tischen stehen oder schon betrunken darunter liegen und lautstark zu DJ Ötzis „Hey Baby" mitsingen. Die Luft ist stickig, und die Blaskapellen spielen in einer Lautstärke auf, die eine Kommunikation in mehr als drei Wörtern völlig unmöglicht macht. Aber zum Reden ist man ja auch nicht hier.

Weltrekord im Maßkrugtragen

Die Wiesenbedienungen schleppen durch Schneisen, die ihnen die Ordner in der Menge freihalten, maßkrügeweise Bier heran. In der Ochsenbraterei trifft man dabei vielleicht auf die Wiesnbedienung Anita Schwarz, die schon mal einen Weltrekord im Maßkrugtragen aufgestellt hat. Dabei hielt sie stattliche 45 Kilo in den Händen, mit denen sie 19 gefüllte Krüge 40 Meter weit wuchtete. Und so mancher, der zu tief ins Glas geschaut hat, beginnt bald zu philosophieren wie der Kabarettist Bruno Jonas: „Alles auf der Wiesn dreht sich, und ich mich mit ihr. Es ist der Kreis, ohne Anfang und ohne Ende, der sich ewig drehende Kreis, der die Wiesn auszeichnet. Es hört nie auf! Das Oktoberfest ist ein Sinnbild für die Ewigkeit."

Der Bierausschank auf der Wiesn ist ein Privileg, das heute ausschließ-

Wer stemmt die meisten Maßkrüge? Das hier ist eher leichtgewichtig – zwölf bis 14 Maß schafft eine geübte Wiesnbedienung locker.

Links: Im Schützen-Festzelt veranstaltet der Bayerische Sportschützenbund jedes Jahr sein traditionelles Oktoberfestschießen.

lich Münchner Bauereien zusteht. Jahrelang hatte Luitpold Prinz von Bayern, Chef der Kaltenberger Brauerei, vergeblich darum gestritten, dass auch sein Bier hier ausgeschenkt werden darf. Vergebens.

Dabei wäre ohne seine Vorfahren das Münchner Oktoberfest undenkbar, denn es geht zurück auf ein Hochzeitsfest von Ludwig von Bayern und Prinzessin Therese von Sachsen-Hildburghausen, welches beide im Jahr 1810 auf der Theresienwiese veranstalteten. Bei fast einer Milliarde Euro, auf die das Fremdenverkehrsamt der Stadt den Gesamtwirtschaftswert des Oktoberfests beziffert, ist das Interesse verständlicherweise groß, einer der mehr als 200 Schaustellerbetriebe oder einer von 14 großen Bierzeltbetreibern zu sein.

Bei fast einer Milliarde Euro Gesamtwirtschaftswert des Oktoberfests ist das Interesse groß, einer der Schausteller oder der Bierzeltbetreiber zu sein.

Dienstag ist Familientag auf dem Oktoberfest. Von 10.00 bis 19.00 gibt es dann an vielen Fahrgeschäften und Imbissbuden Sonderpreise.

Fakten & Informationen

Wiesn-Termin: Von Sa. nach dem 15. Sept. bis zum 1. So. im Okt.
Öffnungszeiten Bierzelte: Mo.–Fr. 10.00– 23.30, Sa. ,So. u. Fei. ab 9.00, nur Käfers Wiesn-Schänke und das Weinzelt haben bis 1.00 Uhr früh geöffnet, www.oktoberfest.de
Armbrustschützenzelt: Hier wird die Schützentradition hoch gehalten, www.armbrustschuetzenzelt.de
Augustiner: das traditionsreichste Zelt; das Bier stammt noch aus Holzfässern, www.festhalle-augustiner.com
Hofbräuzelt: Das Pendant zum Hofbräuhaus hat die größte internationale Gästemischung und mehr Ballermann-Stimmung als Blasmusik, www.hb-festzelt.de
Käfers Wiesn-Schänke: höchste internationale Promidichte, www.feinkost-kaefer.de/wiesn
Löwenbräu: TSV-1860-Fans mit bunter Mischung an internationalen Gästen, www.loewenbraeuzelt.de
Marstall: Mehr Festbau als Bierzelt, in dem gern die Businessgäste feiern, www.marstall-oktoberfest.de
Ochsenbraterei: Stammtischzelt mit Ochsengerichten in allen Variationen, www.ochsenbraterei.de
Pschorr-Bräurosl: Traditionszelt, in dem u.a. eine Jodlerin für urige Stimmung sorgt, www.braeurosl.de
Schottenhamel: Hier wird mit dem O'zapfen die Wiesn eröffnet. Hohes Flirtpotential bei jungen Leuten, https://festhalle-schottenhamel.de
Schützen-Festzelt: Hier feiert bevorzugt der Adel, www.schuetzen-festzelt.de
Winzerer Fähndl: Oktoberfestfreude für den FC Bayern und andere Promis, www.winzerer-faehndl.com
Hackerzelt: Hier hängt der berühmte weiß-blaue Himmel der Bayern unterm Zeltdach, www.hacker-festzelt.de
Festzelttradition schnuppert man am besten auf der ***Oiden Wiesn***, mit Blasmusik statt Ballermannstimmung, www.muenchen.de/veranstaltungen/oktoberfest/oide-wiesn.html

Wegen Überfüllung geschlossen

Am Wochenende meidet der Münchner vernünftigerweise die Wiesn – außer er hat Besuch. Denn an diesen Tagen werden die Zelte meist gleich nach der Öffnung wegen Überfüllung wieder geschlossen. Reservierungsfreie Plätze sind begehrter als ein Ticket für ein FC-Bayern-Spiel in der Allianz Arena. Wer jetzt nicht 1000 Euro für eine Tischreservierung bei Ebay zahlen will, findet vielleicht doch noch ein Schlupfloch und kann sich bei einer Stehmaß vom Gang aus mit viel Charme reinquatschen, um sich dann irgendwann irgendwo dazuzusetzen.

Oder man geht gleich zur Oidn Wiesn. Dort kostet es zwar Eintritt, aber das hält die reine Saufkundschaft ab. Dafür kann man sich gemütlich in nostalgischem Ambiente bei historischen Fahrgeschäften amüsieren und im Bierzelt bei Blasmusik statt Ballermann-Sause entspannen.

Echte Traditionstrachten sieht man auch hier eher selten, muss man für ein handgeschneidertes Dirndl doch mindestens 500 Euro investieren. Weshalb der weitläufige Trend zur Wiesn-Tracht auch eher den günstigen Varianten vom Discounter geschuldet ist. Mancher Münchner geht inzwischen gern wieder in Jeans und Hemd seine Maß trinken, und wenn ihn jemand fragt, warum er keine Lederhosen auf der Wiesn trage, sagt er nur: „I brauch' koane, I bin scho a Bayer!"

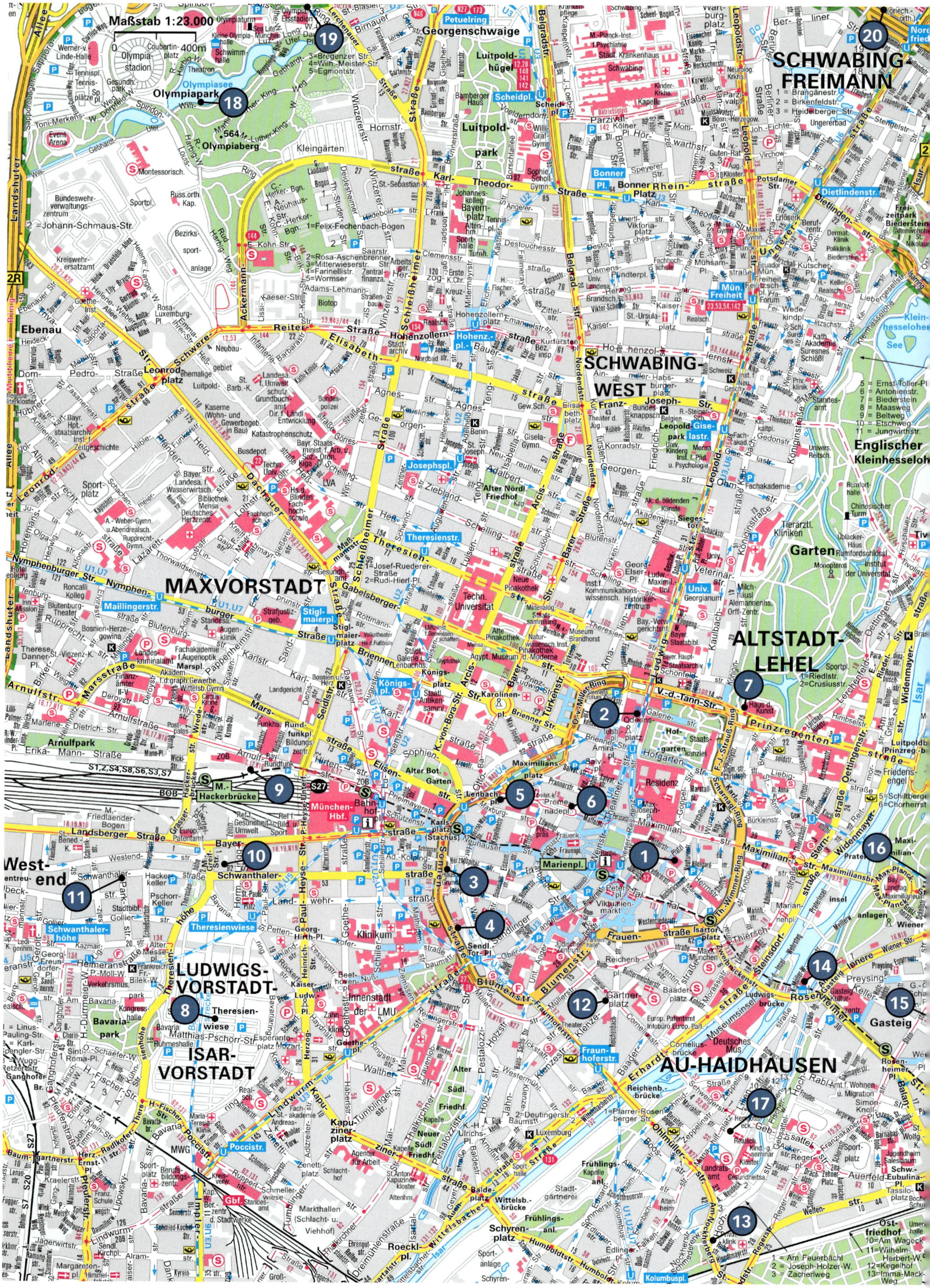

Maßstab 1:23.000
0
400m
SCHWABING-FREIMANN
1 = Branganestr.
2 = Birkenfeldstr.
3 = Heidelberger Str.
SCHWABING-WEST
MAXVORSTADT
ALTSTADT-LEHEL
1=Riedlstr.
2=Crusiusstr.
LUDWIGS-VORSTADT-ISAR-VORSTADT
AU-HAIDHAUSEN
West-end
Olympiapark
Olympiaberg
Olympiasee
Luitpoldpark
Englischer Garten
Arnulfpark
Bavariapark
Theresienwiese
Gasteig
Marienpl.
Karlsplatz (Stachus)
Königspl.
München Hbf.
Hackerbrücke
Schwanthalerhöhe
Odeonspl.
Residenz
Maximilianstr.
Prinzregentenstr.
Leopoldstr.
Ludwigstr.
Georgenschwaige
Petuelring
Scheidpl.
Bonner Pl.
Münchner Freiheit
Dietlindenstr.
Hohenzollernpl.
Josephspl.
Theresienstr.
Stiglmaierpl.
Maillingerstr.
Univ.
Giselastr.
Kleinhesseloher See
Alter Nordfriedhof
Alter Bot. Garten
Viktualienmarkt
Gärtnerplatz
Fraunhoferstr.
Poccistr.
Goetheplatz
Sendl. Tor-Pl.
Isartor
Rosenheimer Pl.
Ostfriedhof
Kolumbuspl.
Kapuzinerplatz
Schyrenplatz
5 = Ernst-Toller-Pl.
6 = Antonienstr.
7 = Biedersteinstr.
8 = Maasweg
9 = Beltweg
10 = Etschweg
11 = Jungwirthstr.
1=Josef-Ruederer-Straße
2=Rudi-Hierl-Pl.
1=Felix-Fechenbach-Bogen
2=Rosa-Aschenbrenner-Bogen
3=Mitterwieserstr.
4=Farinellistr.
5=Wormser
3=Bregenzer Str.
4=Wilh.-Meister-Str.
5=Egmontstr.
2 =Johann-Schmaus-Str.
1=Pfarrer-Rosenberger Str.
2=Deutingerstr.
1 = Am Feuerbächl
2 = Joseph-Holzer-W.
3 = Zacherlweg
10=Am Wageck
11=Wilhelm-Herbert-W.
12=Kegelhof
13=Imma-Mack-Weg
1
2
3
4
5
6
7
8
9
10
11
12
13
14
15
16
17
18
19
20

Die Feiermetropole

Die Münchner gehen gerne aus, schließlich will man bei fast 55 Prozent Single-Haushalten nicht auch noch die Freizeit alleine verbringen. Das Oktoberfest ist einzigartig, hier trifft sich die ganze Welt. Aber auch beim Streifzug durch Clubs, Bars und Diskotheken geht noch was nach Mitternacht.

1 – 7 Altstadt-Lehel

Das 1 **Hofbräuhaus** TOPZIEL von 1589 gehört zum Pflichtprogramm vieler Touristen. Herzstück des Lokals ist die Schwemme, der größte Wirtssaal im Erdgeschoss mit Platz für 1300 Gäste. Eine Rarität dort sind die Safeboxen für Maßkrüge, in denen Stammgäste ihre eigenen, mitunter sehr wertvollen Krüge einschließen. Neben der Schanktheke ist der berühmte Dienstmann Alois auf einem Wandgemälde verewigt. Er sollte der bayerischen Regierung göttliche Ratschläge aus dem Himmel übermitteln, blieb aber im Hofbräuhaus beim Bier hängen, weshalb die bayerische Regierung bis heute vergeblich auf die göttliche Eingebung wartet … (Am Platzl 9, 80331 München, Tel. 089 29 01 36-100, www.hofbraeuhaus.de).

Das 2 **Schumann's** (Odeonsplatz 6–7, 80539 München, Tel. 089 22 90 60, www.schumanns.de, Mo.–Fr. 8.00–3.00, Sa./So. ab 18.00 Uhr) ist für seine ausgezeichneten Cocktails bekannt und gilt als Stammbar von Intellektuellen sowie als Treffpunkt der Münchener Szene(n). Eine Hausnummer weiter wartet das **Film Casino** (Odeonsplatz 8, 80539 München, Tel. 089 22 08 18, www.filmcasino.net, Mi.–Do. 12.00–1.00 Uhr, Fr./Sa. open end) in einem ehemaligen Kino mit einem Dinner und Tanzclub im Stil der 20er-Jahre auf. Das 3 **Harry Klein** (Sonnenstraße 8, 80331 München, Tel. 089 40 28 74 00, www.harrykleinclub.de, Do. ab 22.00, Fr., Sa., ab 23.00 Uhr bis open end) gilt als Pionier des Elektro-Clubbing. In der 4 **Milchbar** (Sonnenstraße 27, 80331 München, Tel. 089 45 02 88 18, www.milchundbar.de, Mo.–Do. ab 22.00, Fr., Sa. ab 23.00 Uhr bis open end) gibt es fast alles – außer Milch. Rot ist die zentrale Farbe dieser Bar ohne Sitzplätze. Im 5 **Heart** (Lenbachplatz 2, 80333 München, Tel. 0160 90 90 02 24, www.h-e-a-r-t.me, Di./Mi. 19.00–1.00, Do. bis 3.00, Fr., Sa. bis 5.00 Uhr) zeigt ein strenger Türsteher wenig Herz für all jene, die es bereits nicht in einen der vielen Clubs nebenan geschafft haben. Hier verkehren Geschäftsleute, Schauspieler, Prominente und solche, die es werden wollen. Das „Dinner-and-Dance"-Konzept trifft den Nerv der Münchener High Society. Wer zum Dinner reserviert hat, ist dann schon mal drin im Club, wenn es später zum Tanzen geht. Ähnlich verhält es sich in 6 **H'ugo's Tresor-Bar-Lounge** (Promenadeplatz 1–3, 80333 München, Tel. 089 22 12 70, hugos-pizza.de, So.–Mi. 10.00–1.00, Do.–Sa. bis 3.00 Uhr), wo die Prominenz vorher beim gleichnamigen Edelitaliener schlemmt, um dann den direkten Weg in den Club zu nehmen, der in den Tresorräumen einer früheren Bank untergebracht ist. Das 7 **P1** (Prinzregentenstraße 1, beim Haus der Kunst, 80538 München, Tel. 089 21 11 11 40, www.p1-club.de, Mo.–Sa. 23.00–5.00 Uhr) begann 1949 als US-Offiziersclub und ist bei Promis legendär.

Ganz oben: Zünftig geht's zu im Münchner Hofbräuhaus. Darunter: beim Winter-Tollwood auf der Theresienwiese. Rechts: Immer ein beliebter Treffpunkt ist die Bavaria (Theresienwiese).

8 – 10 Ludwigsvorstadt

Außerhalb der Wiesn- und (beispielsweise: Tollwood-)Veranstaltungszeit sind an der 8 **Theresienwiese** die neugotische **Sankt-Pauls-Kirche** (1892–1906) und die **Bavaria**, Patronin Bayerns in Form einer knapp 19 m hohen und 87 Tonnen schweren Kolossalstatue aus Bronze, sehenswert. Ihr Inneres ist begehbar, mit Ausblick aus vier Sichtluken im Kopf (April–Mitte Okt. tgl. 9.00–18.00 Uhr). Dahinter gibt die Ruhmeshalle mit Büsten von ehrenwerten Personen eine vornehm-klassizistische Kulisse ab. Eine der größten zentrumsnahen Diskotheken der Stadt ist der 9 **Neuraum** (Arnulfstraße 17, 80335 München, Tel. 089 381 53 89 99, www.neuraum.de, Fr./Sa. u. am Tag vor Feiertagen 22.30 Uhr bis open end) mit vier Clubs auf 1200 m². Ein Treffpunkt für alle ist das in einem Rückgebäude an der Schwanthalerstr. 80 untergebrachte Kultur- und Veranstaltungszentrum 10 **EineWeltHaus** (www.einewelthaus.de).

VERANSTALTUNGEN

Das **Oktoberfest** TOPZIEL (siehe DuMont-Thema, S. 90 f.) gibt es seit 1810, als man auf der Theresienwiese die Hochzeit des bayerischen Kronprinzen Ludwig mit Prinzessin Therese von Sachsen feierte. Heute findet es immer vom Sa. nach dem 15. Sept. bis zum ersten So. im Okt. statt. Der **Einzug der Festwirte** am ersten Wiesn-Sa. (ab 10.00 Uhr) wird stets vom Münchner Kindl hoch zu Pferd angeführt, ehe die Festkutschen mit dem Oberbürgermeister, dem Bayerischen Ministerpräsidenten und den

Münchner Szenen aus dem Westend (links), in dem das Ladencafé Marais (unten) „Geschmackssachen" offeriert, und aus dem Glockenbachviertel (links unten die Café-Bar Hoover & Floyd).

Festwirten folgen. Auf mehr als 30 ha halten etwa 13 000 Beschäftigte die größte Party der Welt am Laufen. Insgesamt gibt es 144 Gastronomiebetriebe mit etwa 119 000 Sitzplätzen. Besucher haben die Wahl zwischen 14 Großzelten und etlichen kleineren Zelten sowie 229 Fahrgeschäften und Bühnen. In der Regel werden rund 7 Mio. Liter Bier konsumiert. Es gibt auch ein **Bier- und Oktoberfestmuseum** (Sterneckerstrasse 2, www.bier-und-oktober festmuseum.de, Di.–Sa. 3.00–18.00 Uhr).

11 Westend

Westlich an die Ludwigsvorstadt schließt sich ein Stadtteil an, der offizell Schwanthaler Höhe heißt, aber meist nur „Westend" genannt wird. Hier lassen sich noch kleine, familiär geführte Cafés und ausgefallene Läden entdecken; hierher kommen die Münchner aber auch zum Ausgehen mit Multikulti-Flair. Stehkneipen und rustikale Lokale findet man überall, es riecht nach den Düften des Orients, und aus den Hinterhöfen erklingt Musik wie auf dem Balkan. Ein Tipp ist das Ladencafé 11 **Marais** (Parkstr. 2, 80339 München, www.cafe-marais.de, Di.–Sa. 8.00–20.00, So. 10.00–18.00 Uhr).

12 Isarvorstadt

Im **Glockenbach-** wie im **Gärtnerplatzviertel** gibt es jede Menge Kneipen und Bars wie die **Paradiso Tanzbar** (Rumfordstr. 2, 80469 München, Tel. 089 26 34 69, www.paradiso-tanzbar. de, Fr., Sa. 22.00–5.30 Uhr), den **Milla Club** (Holzstraße 28, 80469 München, www.milla-club. de), die Sofa-Bar **Niederlassung** (Buttermelcherstr. 6, Tel. 089 32 60 03 07 https://couch-club.org/ niederlassung/, Di.–Do. 19.00–1.00, Fr.– Sa. 19.00 bis 3.00, So. 19.00–24.00 Uhr), das **Klenze 17** (Klenzestraße 17, 80469 München, Tel. 089 25 54 42 77, www.klenze17.de, Mo.–Do. 17.00–1.00, Fr. u. Sa. 17.00–2.00, So. bis 24.00 Uhr) oder die Café-Bar **Hoover & Floyd** (Ickstattstrasse 2, 80469 München, Tel. 089 26 94 90 15, www.hoo verundfloyd.de, Mo.–Mi. 15.00–00.00, Do.–Fr. 15.00–1.00, Sa. 10.00–1.00, So. bis 23.00 Uhr).

13 – 17 Au-Haidhausen

Beim „Politiker-Derbleck'n" am 13 **Nockherberg** werden verbale Watschen verteilt. Jährlich zur Fastenzeit eröffnet das Polit-Kabarett den 17-tägigen Salvator-Ausschank mit einem speziell gebrauten Starkbier (Hochstraße 77, 81541 München, Tel. 089 45 9913-0, www.nock herberg.com. Mo.–Fr. 14.00–23.00, Sa., So. ab 11.00 Uhr). Das 14 **Muffatwerk** mit der **Muffathalle** (Zellstraße 4, 81667 München, Tel. 089 45 87 50 10, www.muffatwerk.de), ein 1887 erbautes, die Wasserversorgung Haidhausens sicherndes Brunnhaus, das 1893 zum ersten innerstädtischen Elektrizitätswerk umgebaut wurde, ist heute ein atmosphärischer Ort für Livekonzerte, Theater, Kunstausstellungen und Clubnächte. Eine lebendige Kneipenszene findet man im **Franzosenviertel** rund um den **Pariser Platz**; ein Tipp ist die 15 **Cafébar Fortuna** (Sedanstrasse 18/Eingang Metzstraße, 81667 München, Tel. 089 18 92 28 23, www. fortuna-cafebar.de, Tel. Mo.–Fr. 8.00–22.00, Sa. 9.00–19.00, So./Fei. 10.00–18.00 Uhr). Eine der besten europäischen Adressen für Jazz markiert die 16 **Unterfahrt** (außerh. des City-Plans, Einsteinstraße 42, 81675 München, Tel. 089 4 48 27 94, www.unterfahrt.de). Markt und Volksfest zugleich ist die 17 **Auer Dult** (www. auerdult.de) auf dem Mariahilfplatz.

18 – 19 Milbertshofen

Der 18 **Olympiapark** (Spiridon-Louis-Ring 21, 80809 München, Tel. 089 30 67-0, www.olympia park.de), Veranstaltungsort der Olympischen Sommerspiele 1972, ist berühmt für seine charakteristische Zeltdachkonstruktion, die zur Zeit ihrer Errichtung als optische und statische Sensation galt. Im **Olympiastadion** finden heute vermehrt Großkonzerte statt. Im **Theatron**, einem direkt am See im Olympiapark gelegenen Amphitheater, hört man beim **Musiksommer** (Ende Juli–Ende Aug.) tgl. Livekonzerte „umsonst und draußen". Vom **Olympiaturm**, mit 291,28 m das höchste Gebäude der Stadt, hat man einen fantastischen Blick bis zu den Alpen. Darin befinden sich auch ein Drehrestaurant und das höchstgelegene Rockmuseum der Welt (Mo.–So. 9.00–24.00 Uhr, www.rock museum.de). Internationale Top-Acts gastieren regelmäßig in der Olympiahalle, Münchens bis zu 15 500 Zuschauern Platz bietender größten Halle für Konzerte aller Art. Spiegelbild einer multikulturellen Gesellschaft möchte das **Tollwood-Festival** (www.tollwood.de) sein, das im Sommer seine Zelte im Olympiapark aufschlägt und im Winter auf der Theresienwiese.
Die 19 **BMW Welt** (Am Olympiapark 1–2, 80809 München, Tel. 089 125 01 60 01, www. bmw-welt.com) ist eine Ausstellungs-, Auslieferungs-, Museums- (Di.–So./Fei. 10.00 bis 18.00) und Eventstätte nahe dem berühmten BMW-Vierzylinder-Gebäude.

20 Fröttmaning

In der 75 000 Zuschauern Platz bietenden 20 **Allianz Arena** TOPZIEL, deren Membrankissen beleuchtet werden können, bestreitet der Münchner Verein FC Bayern seine Heimspiele (außerh. des City-Plans, Werner-Heisenberg-Allee 25, 80939 München, Tel. 089 69 93 12 22, https://allianz-arena.com).

Tipp

Schmalzgebäck

Wenn eine Bäckerei ein Schild mit der Aufschrift „ Heute Auszogne" ins Fenster hängt, heißt das nicht etwa, dass im Laden ein Striptease stattfinden würde. Berühmt für seine sogenannten Auszognen ist das **Café Frischhut** am Viktualienmarkt, das aber kaum jemand unter seinem richtigen Namen kennt. Für die meisten ist es einfach nur die **Schmalznudel**, wie man das dort zubereitete Schmalzgebäck auch nennt. Die Backstube ist für Nachtschwärmer und Frühaufsteher ganz besonders interessant, weil man hier schon ab 5.00 Uhr morgens frühstücken und in der offenen Küche zusehen kann, wie Krapfen, Stritzel und Auszogne frisch zubereitet werden.

INFORMATION
Café Frischhut, Prälat-Zistl-Straße 8, 80331 München, Tel. 089 26 02 31 56

„Mich reuen die Sünden, die ich nicht beging."

Franziska (Fanny) Gräfin zu Reventlow

Traditionsgaststätten

€€€ Spatenhaus an der Oper (Residenzstraße 12, 80333 München, Tel. 089 2 90 70 60, www.kuffler.de/de/spatenhaus). Direkt gegenüber der Oper gelegenes Brauhaus mit den elegantesten Stuben Münchens und altbayerischen Gerichten.

€€/€€€ Donisl (Weinstraße 1, 80333 München, Tel. 089 24 29 39-0, www.donisl.com). Das Traditionsgasthaus am Marienplatz ist eines der ältesten der Stadt. Angelehnt an Alt-Münchner Laubenhöfe, entstand nach einer Grundsanierung ein Arkaden-Innenhof mit einem Glasdach, das sich im Sommer komplett öffnen lässt. Gekocht wird typisch bayerisch.

€€ Andechser am Dom (Weinstraße 7 a/Eingang Filserbräugasse, 80333 München, Tel. 089 24 29 29 20, www.andechser-am-dom.de). Bayerische Brotzeiten und kleine typische Schmankerl sowie Andechser Würstl und internationale Küche kommen hier mitten im Herzen der Stadt auf den Tisch.

€€ Schneider Bräuhaus (Tal 7, 80331 München, Tel. 089 29 0138-0, www.schneider-brauhaus.de). In dieses typisch bayerische Wirtshaus kommen die Münchner zum Kronfleisch essen und trinken ein Weißbier dazu.

Für den späten Hunger

An Dönerbuden und Schnellimbissen mangelt es München auch zu später Stunde nicht, doch ein fettiger Snack auf die Hand ist nicht jedermanns Sache. Zum Glück gibt es auch noch ein paar Lokale, in denen man sogar noch mitten in der Nacht eine warme Mahlzeit serviert bekommt. Letzte Bestellung ist meist eine Stunde vor Lokalschluss.

Das **€/€€ Wirtshaus am Sendlinger Tor** (Sendlinger Tor Platz 10, 80336 München, Tel. 089 59 94 69 08, www.wirtshaus-am-sendlinger-tor.de) ist eines der wenigen tgl. 24 Std. geöffneten Lokale mit durchgehend warmer, vorwiegend bayerischer Küche.

Der **€ Alte Simpl** (Türkenstraße 57, 80799 München, Tel. 089 272 30 83, www.eggerlokale.de) war in der ersten Hälfte des 20. Jahrhunderts ein Treffpunkt der Bohème. Bis heute ist das Kultlokal stets gut besucht – vor allem, wenn die Küche die Gäste noch bis 3.00 Uhr nachts mit bayerischen Schmankerln versorgt.

Der **€ Cosmogrill** (Maximilianstraße 10, 80539 München, Tel. 089 89 05 96 96, www.cosmogrill.de) präsentiert Gourmet-Burger und andere Grillspezialitäten aus Biofleisch in stylischem Ambiente Do. bis 3.00, Sa., So bis 6.00 Uhr.

Das **€ Johannis Café** (Johannispl. 15, 81667 München, Tel. 089 480 12 40) hat an der Wand eine Fototapete vom Matterhorn, auf der Karte Toast Hawaii und Schinkennudeln. Anachronismus pur ist das Erfolgsrezept dieser Kneipe, an der jegliche Einrichtungstrends und kulinarische Modeerscheinungen seit Jahrzehnten abprallen. Auf der Speisekarte geht es rustikal zu – bis in die frühen Morgenstunden.

Weitere gastronomische Adressen siehe das DuMont-Thema Kulinarik, S. 106 f.

Genießen Erleben Erfahren

DuMont Aktiv

Die Macht der Nacht

Besser als mit Panama Papers, Dancing Shoes oder Big Smile kann der Start in die Nacht nicht beginnen: So heißen die Drinks in der kleinen Bar „Zephyr" im Glockenbachviertel, die wegen ihrer abgefahrenen Cocktails mit Rosenblättern, weißem Balsamico oder Nelkenrauch bekannt ist.

Von hier sind Nachtschwärmer nicht weit entfernt von dem, was die Münchner das Bermudadreieck nennen. Während in der Karibik Schiffe und Flugzeuge verschwinden, verlieren die Feierbiester in München mitunter den Überblick, in welcher der vielen Bars und Clubs sie die letzte Nacht verbracht haben. Denn entlang der Sonnenstraße bis vor zum Maximiliansplatz liegt eine der größten Ansammlungen an Feiertempeln der Stadt.

Hier wird jeder fündig, selbst wenn der Club der Wahl exzentrisch sein soll wie das „Call me Drella". Das Personal ist hier geschminkt und verkleidet wie im Varieté – ein Club mit Liveshows, der dem New Yorker Charme von Andy Warhols berühmt-berüchtigter Factory nachspürt.

Mainstreamiger geht es neben dem „Pacha", dem Ableger des gleichnamigen Nachtclubs auf Ibiza, in der „089 Bar" zu. Nach dem Motto „Das Leben ist zu kurz, um cool und gelangweilt zu sein!", treffen hier Schicke auf Lässige und ganz Normale. Vom Musikstil wird so ziemlich alles gespielt außer Schlager, weshalb das „089" zu den vollsten Clubs der Stadt gehört.

Weitere Informationen

Zephyr Bar: www.zephyr-bar.de,
Pacha: www.pacha-muenchen.de
Call me Drella: www.drella.de
089-Bar: www.089-bar.de

Champagner sollte es schon sein: Schließlich logiert das Pacha in nobelster Umgebung – in den ehemaligen Räumen des Münchner Nachtcafés am Maximiliansplatz.

Weiß-blaue Landpartie

Am Wochenende fahren die Münchner gerne raus aufs Land. Schließlich liegen die Berge und Seen direkt vor der Haustür, auch das „bayerische Versailles“ (Schloss Schleißheim) und Freising mit seinem schönen Dom sind nah. Als Freizeitfluchten locken der Tegernsee und sein Bräustüberl genauso wie der Schliersee mit seinem altbayerischen Museumsdorf. Zum Baden geht es an den Starnberger See oder an die Osterseen.

Luftaufnahme des Ammersees – nach dem Chiemsee und dem Starnberger See der drittgrößte bayerische See.

Das „bayerische Versailles“: Kaiserlich sollte das Neue Schloss Schleißheim wirken, denn auf die Kaiserwürde hoffte (vergeblich) sein Auftraggeber, der Kurfürst Max Emanuel (1662–1726).

„Eine Weltreise beginnt für mich in München und endet am Tegernsee.“

Philipp Lahm

Smaragdgrün glitzernde Seen, barocke Zwiebeltürmchen und hügelige Almwiesen, über denen sich ein weiß-blauer Himmel wölbt. Diesem Postkarten-Bayern kommt man von München aus schon nach knapp einer halben Stunde Bahnfahrt in südlicher Richtung sehr nahe. Und wer sich für Kunst und Kultur interessiert, auf den warten im Norden Schloss Schleißheim und der Freisinger Dom. Wozu also lange in den Urlaub fliegen, denken sich auch viele Münchner, wo man doch eines der schönsten Reiseziele der Welt direkt vor der eigenen Haustüre hat? Rekordverdächtige 90 Millionen Übernachtungen hatte Bayern zuletzt zu verzeichnen, und so viele Gäste können sich gar nicht irren.

Der König in den Fluten

„I bin der Steff – und da bin i dahoam“, sagt der Fährmann Stefan Seerieder stolz. Mit seiner Zille setzt er am Starnberger See regelmäßig Besucher auf die kleine wildromantische Roseninsel über. Die Fahrt in seinem Flachkahn dauert nur wenige Minuten, denn die einzige Insel des Sees liegt nur knapp 200 Meter von der Feldafinger Bucht entfernt. Bekanntheit erlangte das Inselchen, weil sich hier einst König Ludwig II. mit seiner Großcousine, der österreichischen Kaiserin Sisi, traf. Sisi verbrachte einen Großteil ihrer Jugend im nahegelegenen Schloss Possenhofen und ließ sich regelmäßig auf die Insel übersetzen, wo noch heute eine kleine Sommervilla inmitten einer Parkanlage voller Rosen zu besichtigen ist. Das historisch Bedeutendste bleibt jedoch unter Wasser verborgen: die Reste einer steinzeitlichen Pfahlbautensiedlung, die als UNESCO-Welterbe zum universellen Erbe der Menschheit gehört.

Als Geheimnis bewahrt der See bis heute auch, wie König Ludwig II. in seinen Fluten zu Tode kam. Drei Tage nach seiner Entmündigung, am 13. Juni 1886, fand man in Berg die Leiche des Königs und die seines Leibarztes im See treiben. Was sich genau zugetragen hat, war und ist mysteriös. Eine Votivkapelle und davor ein Holzkreuz im flachen Uferwasser erinnern in Berg nun an den einstigen Märchenkönig.

Als Fürstensee und See der Großkopferten gilt der Starnberger See noch heute, verfügt doch der Landkreis Starnberg über das höchste Pro-Kopf-Einkommen der Republik. Etwa ein Viertel des Sees ist nicht mehr öffentlich zugänglich, weil sich die Ufergrundstücke nun im Privatbesitz von Unternehmern, Fernsehgrößen und Fußballstars befinden.

Karibische Osterseen

Echte Seejuwelen verstecken sich dafür nur wenige Kilometer südlich des Starnberger Sees. Vor allem aus der Luft betrachtet verleihen die Wasserfarben den 21 kleinen Osterseen fast ein karibisches

Blick auf den Freisinger Dom, der offiziell „Dom St. Maria und St. Korbinian in Freising" heißt und oft auch nur „Mariendom" genannt wird.

Was hat das Alte Schloss Schleißheim mit dem Münchner Hofbräuhaus gemeinsam? Denselben Bauherrn: Herzog Wilhelm V. (1548–1626).

Das rund 1300 Jahre alte Freising ist die älteste Stadt Oberbayerns. Wie in München markiert auch hier ein Marienplatz das Zentrum der Altstadt.

Ora et labora – bete und arbeite – lautet das Motto der Benediktiner, die in Andechs seit dem Jahr 1455 die Wallfahrt betreuen. Ausdruck findet dieses Motto im Engagement der klösterlichen Gemeinschaft für die Seelsorge der Wallfahrer und die Pfarrseelsorge der umliegenden Gemeinden sowie in der Leitung der Wirtschaftsbetriebe.

Rechts: Traditionell umrunden die Pilger die Wallfahrtskirche, deshalb ist sie vom Klostergeviert durch einen schmalen Pfortenhof getrennt, über dem die kuppelartig bekrönte Abts- oder Prälatenkapelle thront.

Unten: Auch für das leibliche Wohl wird in Andechs gesorgt.

Mit der S-Bahn nach Herrsching ist man in 50 Minuten an den Gestaden des auch von Seglern sehr geschätzten Ammersees.

Links: Jogging am Seeufer. Für die Umrundung (etwa 42 Kilometer) auf dem Seerundweg bräuchte man Marathonqualitäten – oder steigt doch besser auf ein Rad.

Schon von Weitem sichtbar thront Kloster Andechs auf dem gut 700 Meter hohen Heiligen Berg.

Special

Kloster Andechs

Der Heilige Berg

Schon seit Jahrhunderten pilgern die Menschen zum Kloster Andechs, das über dem Ostufer des Ammersees thront. Sei es des Glaubens oder des Bieres wegen.

Das waren noch Zeiten, als der bayerische Quertreiber Herbert Achternbusch etliche Kästen Andechser Bier zur Berlinale für einen fröhlichen Umtrunk anlässlich seiner Filmpräsentation einfliegen ließ. „Der Mensch braucht einen Halt“, heißt es in seinem Stück „Das Andechser Gefühl“, und sei es nur, dass man sich am Bierglas festhält.

Die Wallfahrt ist in Andechs schon seit Beginn des 12. Jahrhunderts belegt – und damit die älteste Bayerns. Heute reisen zu ihr jedes Jahr mehr als 30000 organisierte Pilger an. Bereits im 10. Jahrhundert hatte Graf Rasso Reliquien aus dem Heiligen Land mitgebracht, die den Grundstock des Andechser Heiltumsschatzes bildeten und dem Berg seinen weihevollen Namen gaben. Das Kloster wurde 1438 als Augustinerstift gegründet und 20 Jahre später in ein Benediktinerkloster umgewandelt. Nach der Regel des heiligen Benedikt („alle Fremden, die kommen, sollen aufgenommen werden wie Christus“) wurden Pilger seit jeher von den Mönchen verköstigt. Der traditionsreiche „Klostergasthof“ ist so alt wie das Kloster selbst, und das Bier brauen die Mönche natürlich auch schon seit jeher selbst.

Pilgern, wandern und im Biergarten sitzen.

Besonders im Spätsommer ist der Heilige Berg beliebt, wenn etliche Pilger auf Wanderer und Biergartenbesucher treffen. Bei der speziellen Mischung aus Postkartenlandschaft, zelebrierter bayerischer Lebensart und Wallfahrtsfolklore bekommt jeder sein ganz eigenes Andechser Gefühl.

Flair, wenn sie als hellgrüne bis türkise Farbtupfer aus den Wäldern und Wiesen herausfunkeln. Etwa ein Drittel der Fläche ist Naturschutzgebiet, darunter fünf Inseln, eine urwüchsige Moorlandschaft sowie eine Reihe seltener Pflanzen und Tiere. Deshalb ist das Baden an den Osterseen nur an wenigen Stellen erlaubt. Das Südufer des Fohnsees ist Privatgelände und wird mit seinen Liegewiesen in Hanglage als FKK-Strand geduldet. Weil im Sommer der Hügel gelegentlich auch als Kuhweide dient, wirkt die Szenerie aus blanken Hintern zwischen gefleckten Kühen und bunten Sonnenschirmchen bisweilen wie aus einem Achternbusch-Film.

Bayerische Highlands

Mit seinen Klöstern und den am See tätigen Fischern und Landwirten galt der Ammersee lange als Bauernsee. Die Wittelsbacher hatten zu diesem Gebiet keinen großen Bezug – deren Sommerresidenz befand sich ja am Starnberger See. Bertolt Brecht reiste einst von Augsburg an den Ammersee und schrieb hier einige Szenen der „Dreigroschenoper“. Anders als an den Ufern am Starnberger See protzen hier keine Angebervillen, dafür sieht man noch viele traditionelle Bauerngehöfte mit Geranienbalkonen. Die schmucken Höfe beherbergen auch noch immer Fleckvieh und sind nicht etwa zum Schampus-Stadl mutiert.

Ausgerechnet die Schnapsidee zweier Oberbayern bringt viele Ausflügler in

„Das Tegernsee“ am Tegernsee: Moderne Zimmer, gehobene Küche, ein elegantes Spa und traumhaft schöne Ausblicke verwöhnen hier die (gut betuchten) Gäste.

Liegewiese in Percha, einem Ortsteil von Starnberg am Starnberger See, der auch gern „Badewanne Münchens“ genannt wird. Eine äußerst geräumige – und wunderschöne – Badewanne, versteht sich.

Je schöner der Abend, desto schöner die Gäste – hier vor der nicht minder schönen Kulisse Rottach-Egerns am Südufer des Tegernsees.

Pack die Badehose ein: An der 46 Kilometer langen Uferlinie des Starnberger Sees findet jeder seinen individuellen „Einstieg" wie hier in Percha.

Richtung Schliersee dazu, noch auf einen Sprung bei „Slyrs"-Chef Anton Stetter und seinen 600 Fässern mit bayerischem Whisky vorbeizuschauen. Auf die Idee, bayerischen Whisky zu brennen, kamen Stetter und sein Bruder Florian, ein gelernter Bierbrauer, während eines Schottland-Urlaubs. „Eigenwillige Menschen und eine eigenwillige Landschaft. Ganz so wie bei uns in Bayern", sagt Stetter. Von seiner Destille blickt er durch ein riesiges Panoramafenster auf den mit Nebelschwaden verhangenen Wendelstein und die unverbauten grünen Wiesen – fast ein bisschen wie in den schottischen Highlands. Auch der Name „Slyrs" (sprich: „Schliers") klingt gälisch, als hätte er schottisch-irische Wurzeln – dabei bezieht er sich auf ein im Jahr 779 von fünf Mönchen gegründetes Kloster, nach dem heute die gesamte Region Schliersee benannt ist. Und weil Whisky keine geschützte Marke ist wie Cognac oder Champagner, konnten sich die beiden Oberbayern bald ans Brennen machen. Inzwischen gewannen sie schon mehrere Preise, darunter sogar – ausgerechnet in Großbritannien! – eine Goldmedaille für den besten Single Malt. Wenn man bei einer Führung durch die Fasshalle läuft, riecht man förmlich das feine Alkoholaroma, das die Fässer aus amerikanischer Weißeiche während der Reifezeit abgeben. „Angels Share", sagt Stetter, sei der Teil des Alkohols, der dabei verdunstet. Dass sich Engel gern daran berauschen mögen, passt gut in die bayerische Vorstellungswelt vom Himmel, auch wenn der Begriff „Rauschgoldengel" sicher nicht davon herrührt.

Ski-As mit Suppenbrunzer

(Zweimal olympisches) Gold gewonnen hat auch ein anderer, der sich mit einer ausgefallenen Idee am Schliersee niederließ: der ehemalige Skirennfahrer Markus Wasmeier. Wer beispielsweise wissen will, was ein „Suppenbrunzer" ist, ist bei ihm genau an der richtigen Adresse. Um möglichst unverfälscht zu zeigen, wie das bäuerliche Leben vor 300 Jahren war, hat er ein altbayerisches Museumsdorf eröffnet. Seit 2007 bis heute wurden zwölf Höfe aus dem 18. Jahrhundert – so, wie sie einst auf dem Plateau oberhalb des Schliersees überdauert hatten – umgesiedelt und für die Neuzeit bewahrt. „Damit eure Kinder a wissn, dass a Kuah ned lila is", sagt Wasmeier, der im Dorf noch selber mit anpackt und gerade Holzbalken auf einen Leiterwagen verfrachtet. In der Gastwirtschaft wird das Brot selbst gebacken, auch Bier und Schnaps sind hausgemacht. Whisky gibt es hier allerdings keinen, nicht mal bayerischen, denn den gab es vor 300 Jahren ja auch noch nicht. Aber ein Suppenbrunzer hängt über dem Esstisch in der Bauernstube. Ihrem Platz dort verdankt diese Glaskugel, in deren Innerem sich eine Heiliggeisttaube befindet, den etwas derb klingenden Beinamen: Früher aß man noch gemeinsam aus einer großen Suppenterrine. Als der aufsteigende Dampf, der sich auf der Kugel gesammelt hatte, zurück in die Schüssel tropfte, war für die Leute klar: Der Heilige Geist hat in die „Suppn gebrunzt" – und sie gesegnet.

Isarpreißn im Porsche

Ausgerechnet beim abschließenden Umweg über den Tegernsee gibt es dann den ersten Stau. Zumindest für die Münchner ist das nichts Neues, denn in Richtung Tegernsee stehen die meisten von ihnen jedes Wochenende mehr oder weniger freiwillig im Stau, um sich dann von grantelnden Einheimischen als Isarpreißn beschimpfen zu lassen. So nennen die Tegernseer die Münchner Schickimickis, die aufgebrezelt wie die Pfingstochsen in ihren Porsche-Cabrios anbrausen, um im „Bräustüberl" ganz traditionell zum Weißwurstfrühstück aufzuschlagen. Dabei sind München und sein Umland weit weniger gegensätzlich, als dies auf den ersten Blick manchmal erscheinen mag. Ist doch auch die exzessive Genusssucht der Münchner Bussi-Bussi-Gesellschaft im Grunde nichts anders als eine städtische Variante der ländlichen, barocken Gemütlichkeit.

KULINARISCHES MÜNCHEN

Zwischen Weißwurst und Haute Cuisine

Genuss und Lebensgefühl stehen in München hoch im Kurs. Von der deftigen Brotzeit im Biergarten bis hin zum Gourmettempel reicht die kulinarische Vielfalt mit einer breiten Mischung aus traditionellen Klassikern und kreativen, modernen Gerichten.

Oben: So sieht eine zünftige Münchner Brotzeit aus. Rechts: Kulinarische Delikatessen beim Käfer (oben links/ unten rechts) und im Dallmayer (oben rechts/unten links).

In München ging es lange Zeit um die Wurst. Und zwar nicht um irgendeine, sondern um die Weißwurst. Zunächst gab es viel Aufhebens um die Art und Weise, wie das gute Stück verzehrt werden soll. Traditionalisten verweigern bis heute Messer und Gabel, tunken die Brühwurst mit den Fingern in süßen Senf und beginnen den Inhalt aus der Haut zu zuzeln. Hardliner halten auch im Zeitalter moderner Kühltechnik an dem Gebot fest, dass Weißwürste das Zwölfuhrmittagsläuten nicht erleben dürfen. Der TV-Koch Alfons Schuhbeck aber brät in seinem Restaurantimperium am Platzl schon mal ein paar Weißwürste in der Pfanne, um sie auf Chili-Rahmkraut zu kredenzen.

Edle Esszimmer für Gourmets

„Was ist ein bayerisches Sieben-Gänge-Menü? Eine Wurstsemmel und ein Sechserpack Bier", lästerte einst die Kabarettistin Sissi Perlinger. Doch spätestens seit der Jahrhundertkoch Eckart Witzigmann mit seinem „Aubergine" 1979 als erstes Restaurant in Deutschland mit drei Michelin-Sternen ausgezeichnet wurde, ist die Stadt zu einer kulinarisch relevanten Metropole geworden. Was heute Münchens höchste Nominierungen im Zwei-Sterne-Bereich anbelangt, wird hier immer noch hauptsächlich auf klassisch französischem Niveau gekocht. Zur Topgastronomie gehört schon lange Jahre das von Hans Haas geführte „Tantris" mit seinem legendären 70er-Jahre Ambiente, gefolgt vom „Dallmayr" unter dem Dach des berühmten gleichnamigen Delikatessengeschäftes, das „Esszimmer" in der BMW-Welt, das „Atelier" im Bayerischen Hof und „Geisels Werneckhof".

Des Kinis Leibgericht

Nur: Was soll man den Gästen an gehobener einheimischer Küche präsentieren?. Das fragte man sich im Hotel Vier Jahreszeiten Kempinski. Das Luxushotel in der Maximilianstraße, vom Vater des Märchenkönigs Ludwig II. erbaut, ließ in alten Rezeptesammlungen des königlich bayerischen Hofes recherchieren und stieß erstmal nur wieder darauf, dass auch am Hofe die kulinarischen Vorlieben frankophile waren. Da sich der Kini je-

Käfer

Im Tantris (oben/unten) verwöhnt Sternekoch Hans Haas (im Bild unten links) seine anspruchsvollen Gäste.

doch um Konventionen wenig scherte, fand man bald heraus, dass der heimische Schwarzreiter, eine spezielle Saiblingart aus dem Königssee im Berchtesgadener Land, auf Holz geräuchert, eine seiner Leibspeisen war.

„Wir sind tief eingetaucht in die Traditionen der bayerischen Küche und haben sie quasi so lange destilliert, bis das herausgekommen ist, was wir als junge, zeitgemäße bayerische Küche sehen", sagt Küchenchef Christian Michel, der zuvor bei den Drei-Sterne-Köchen Claus-Peter Lumpp und Dieter Müller in Baiersbronn im Schwarzwald gelernt hat. So entstanden köstlichste Kreationen wie Schaum vom Obazdn, Wildkräutersalat, Tatar vom bayerischen Ochsen oder ein Macaron vom Schwarzreiter. Der Fisch, nachdem nun auch das Gourmet-Restaurant benannt ist, stammt übrigens noch immer aus dem Königssee. Dem Kini hätte das bestimmt gefallen.

Glücksmomente

Im Hotel Mandarin Oriental vergibt man, für Münchner Verhältnisse ungewohnt, die Plätze abends in zwei Sitzungen. Das freut die Schickeria, die sich gern weltmännisch gibt und immer auf der Suche nach etwas Besonderem ist. Nicht ohne Grund hat Starkoch Nobuyuki Matsuhisa sein erstes „Nobu" in Deutschland ausgerechnet in München eröffnet. Er kennt sich aus mit den Reichen und Schönen Hollywoods, führt er doch seine Nobu-Restaurants gemeinsam mit Schauspiel-Legende Robert de Niro. Berühmt sind die Restaurants vor allem für ihren „Black Cod", einen in Sojasauce marinierten Kabeljau, oder die mit Thunfisch, Lachs oder Hummer gefüllten Tacos.

Kein Zufall ist es auch, dass der italienische Feinkostkonzern Eataly ausgerechnet München als ersten ausländischen Standort in Europa gewählt hat. Das Sortiment des 4000 m² großen Gourmet-Supermarktes in der Schrannenhalle gleich beim Viktualienmarkt umfasst neben einer Vielzahl italienischer Lebensmittel auch einige Restaurants. Ohnehin eint die Italiener wie die Münchner der Grundgedanke, dass das gemeinsame Schlemmen verbindet und dass das Genießen in geselliger Runde wahre Glücksmomente bergen kann.

Genuss für jeden Tag

Für den alltäglichen Genuss ist im Sommer immer noch der Biergarten das Wohnzimmer der Münchner, wo beim gemütlichen Zusammensitzen an rustikalen Biertischen alle Klassenunterschiede verwischen. Damit man sich das Ausgehen auch jeden Tag leisten kann, darf sich hier nach alter bayerischer Biergartentradition jeder seine Brotzeit mit Radi, Brot und Pressack mitbringen. Nur das Bier wird frisch gezapft von der Schänke gekauft. Was man an Schmankerln alles für seine Brotzeit einkaufen kann, erlebt man in seiner stilvollsten Präsentation auf dem Viktualienmarkt, wo sich die Münchner gerne durch die Standlgassen treiben lassen und bei einem Glas Prosecco über die üppigen Preise schimpfen.

Auf einen Blick

Zwei-Sterne-Gourmetrestaurants: www.restaurant-dallmayr.de, www.bayerischerhof.de, www.esszimmer-muenchen.de, www.geisels-werneckhof.de, www.tantris.de
Junge, modern definierte bayerische Küche: Schwarzreiter, im Hotel Vier Jahrszeiten Kempinski, www.schwarzreiter.com
Exot mit japanisch-peruanischer Küche: Matsuhisa, im Hotel Mandarin Oriental, www.mandarinoriental.de
Beste Tradition: Käfer Schänke, www.feinkost-kaefer.de/schaenke, Schuhbecks Südtiroler Stuben, www.schuhbeck.de
Italienischer Gourmet-Supermarkt mit Restaurants: Eataly, www.eataly.net/de

MÜNCHEN
Fürstenfeldbruck
Germering
Olching
Gröbenzell
Puchheim
Eichenau
Emmering
Gilching
Gräfelfing
Planegg
Krailling
Gauting
Pullach im Isartal
Grünwald
Oberhaching
Taufkirchen
Unterhaching
Neubiberg
Ottobrunn
Putzbrunn
Hohenbrunn
Haar
Vaterstetten
Unterföhring
Aschheim
Kirchheim bei München
Feldkirchen
Markt Schwaben
Poing
Zorneding
Kirchseeon
Ebersberg
Grafing bei München
Ebersberger Forst
Großhaager Forst
Forstenrieder Park
Starnberg
Herrsching am Ammersee
Ammersee
Dießen a. Ammers.
Seefeld
Wörthsee
Weßling
Inning
Andechs
Pöcking
Feldafing
Tutzing
Starnberger See
Berg
Seeshaupt
Schäftlarn
Icking
Wolfratshausen
Geretsried
Dietramszell
Holzkirchen
Sauerlach
Aying
Brunnthal
Otterfing
Valley
Weyarn
Bruckmühl
Feldkirchen-Westerham
Bad Aibling
Kolbermoor
Irschenberg
Miesbach
Hausham
Schliersee
Gmund am Tegernsee
Tegernsee
Bad Wiessee
Bad Tölz
Penzberg
Benediktbeuern
Bad Heilbrunn
Wackersberg
Weilheim i.OB
Peißenberg
Hohenpeißenberg
Polling
Uffing am Staffelsee
Bad Bayersoien
Wendelstein
Maßstab 1:300.000
0 3 6km

Gesegnetes Land

Im näheren Einzugsgebiet von München befinden sich zahlreiche Möglichkeiten zum Kunst- und Kulturgenuss oder zur Freizeitgestaltung. Für einen Tagesausflug steuern die meisten Ausflügler die Seen und Berge des Voralpenlandes an, die sich bequem mit der S-Bahn oder dem Regionalzug erreichen lassen.

1 Ammersee

Am rund 47 km² großen See ist der Zugang nicht überall einfach, was an einer zunehmenden Verschilfung und Verlandung liegt. Die Anreise erfolgt mit der S8 vom Münchner Hauptbahnhof nach Herrsching (Fahrzeit 50 Min.). Zur Ammersee-Flotte gehören vier Fahrgastschiffe, darunter die nostalgischen Schaufelraddampfer „Herrsching" und „Dießen". Schiffsbetrieb Ostern–Mitte Okt., Tel. 08143 9 40 21, www.seenschifffahrt.de/ammersee.

SEHENSWERT

Von **Herrsching** (10 000 Ew.) aus verläuft die längste See-Uferpromenade Deutschlands, auf der man rund 10 km weit flanieren kann. Es gibt das Schloss Mühlfeld (Urspr. 16. Jh.) und besonders für Romantiker das 1889 errichtete Kurparkschlössl sowie auf einem Hügel das Wahrzeichen, die Martinskirche (Urspr. 11. Jh.). Badegäste gehen zum Seewinkel, Bierpilger nach Andechs (siehe DuMont-Special S. 103).

In **Dießen** (10 000 Ew.) wollen viele den Dießener Himmel sehen, ein monumentales Kuppelfresko über dem Altarraum des Marien-Münsters, das 1739 vollendet wurde und zu den eindrucksvollsten Barockkirchen Süddeutschlands zählt. Zum Baden geht's die Jahnstraße runter zum Strandbad. In **Utting** (4500 Ew.) erinnern die Wallreste einer keltischen Viereckanlage aus dem 2. Jh. an die frühgeschichtliche Besiedlung der Region. Das alte Strandbad an der Seestraße beeindruckt mit einem mehrstöckigen 10 m hohen Sprungturm aus Holz.

MUSEUM

Im **Carl-Orff-Museum** in Dießen (www.orff-museum.de, März–Dez., So. und Fei. 14.00 bis 17.00 Uhr) des berühmten Komponisten („Carmina Burana") und Musikpädagogen dürfen die Instrumente sogar gespielt werden.

HOTEL UND RESTAURANT

Das €€ **Ammersee-Hotel** verfügt über einen hauseigenen Badesteg und eine gern frequentierte Restaurantterrasse am See (Summerstraße 32, 82211 Herrsching, Tel. 08152 9 68 70, www.ammersee-hotel.de).

INFORMATION

Für die Westseite des Sees: Tourismusverband Ammersee-Lech e.V., Hauptpl. 152, 86899 Landsberg am Lech, Tel. 08191 12 82 47, www.ammerseelech.de.

Für die Ostseite: Tourist Information Starnberger Fünf-Seen-Land, Hauptstr. 1, 82319 Starnberg, Tel. 08151 906 00, www.sta5.de

2 Starnberger See

Hier verbrachten schon die Wittelsbacher Könige ihre Sommer. Heute siedeln vor allem Prominente und Großindustrielle am Seeufer, die ihren Wohlstand gerne in Villen und Schlösschen zeigen. Um den 56,4 km² großen See führt ein 46 km langer Rundweg. Die Anreise erfolgt mit der S6 vom Münchner Hauptbahnhof nach Starnberg oder Tutzing (Fahrzeit 45 Min.). Zur weiß-blauen Flotte gehören sechs Fahrgastschiffe. Schiffs-

Oben: Bayern weiß-blau – am Ammersee. Links oben: im Freisinger Dom. Darunter: Blick von der Korbinianbrücke an der Statue Bischof Lantperts von Freising vorbei auf den Dom.

Tipp

Schloss und Dom

Die meisten Ausflügler zieht es an die Seen im Süden, aber auch im Norden gibt es Sehenswertes: Die **Schlossanlage Schleißheim** etwa liegt eingebettet in einen der bedeutendsten europäischen Barockgärten, besonders stimmungsvoll sind die jährlichen Sommerkonzerte im Festsaal. Der **Freisinger Dom** (geweiht im Jahr 1205) war bis zur Erhebung Münchens zum Erzbistum 1821 Sitz des Bischofs. Das ursprünglich romanische Gotteshaus wurde über die Jahrhunderte mehrfach umgestaltet und zeichnet sich heute im Inneren durch filigranes Stuckwerk der Gebrüder Asam aus. Bis 1951 wirkte Joseph Ratzinger, der spätere Papst Benedikt XVI., als Erzbischof auf dem Domberg.

INFORMATION

Die Anfahrt zur Schlossanlage Schleißheim erfolgt über die Bundesautobahnen A92 (Ausfahrt Oberschleißheim) und A99 (Ausfahrt Neuherberg) sowie über die Bundesstraßen B13 (in München „Ingolstädter Straße") und B471. Der Freisinger Dom ist am besten mit der S1 vom Münchner Hauptbahnhof aus erreichbar.

betrieb: Ostern–Mitte Okt., Tel. 08151 80 61, www.seenschifffahrt.de/starnberger-see.

SEHENSWERT
Starnberg (23 000 Ew.) ist der Hauptort. Das Schloss der Stadt, das schon ab dem 16. Jh. Sommerresidenz der bayerischen Herzöge war und in dem heute das Finanzamt untergebracht ist, steht bereits seit dem 11. Jh. erhaben über dem Villenort. Die Pfarrkirche St. Joseph (1770) ist mit ihrer Rokoko-Ausstattung und einem Hochaltar von Ignaz Günther von höchster Qualität. Zum Baden geht es südlich der Dampferanlegestelle in die berühmte Undosa Badeanstalt. In **Berg** (8200 Ew.) kam der Märchenkönig Ludwig II. zu Tode. Die Votivkapelle (1900) und ein Holzkreuz an jener Stelle, an der man den toten König im See fand, wurden zur Touristenattraktion und zum Treffpunkt einiger Königstreuer, die jedes Jahr am Todestag eine Gedenkfeier ausrichten. Der Ortsteil Kempfenhausen hat ein 70 000 m² großes Erholungsgelände. **Münsing** (4200 Ew.) war schon immer Anziehungspunkt für Künstler, ob einst Wilhelm Busch, Rainer Maria Rilke, Frank Wedekind oder heute Sepp Bierbichler und Patrick Süßkind. **Tutzing** (9800 Ew.) ist vor allem bekannt für seine im Schloss ansässige Evangelische Akademie, in der regelmäßig Größen aus Kirche, Politik und Wirtschaft Symposien abhalten. Auch die Akademie für politische Bildung hat in der Villa Buchensee ihren Sitz. Es gibt zwei Strandbäder und den schönsten Seeblick von der Ilka-Höhe (726 m).
In **Feldafing** (4400 Ew.) schuf der preußische Gartenbaudirektor Joseph von Lennée den Landschaftspark und die Gartenanlage auf der Roseninsel, wo König Maximilian II. eine Villa im pompejanischen Stil erbauen ließ. König Ludwig II. traf hier Gäste wie Richard Wagner oder Kaiserin Sisi. Besucher können mit einer kleinen Fähre vom Glockensteg zur Insel übersetzen (Mai–Mitte Okt. 11.00–18.00 Uhr, www.

Mit dem Segelboot und in zünftiger Tracht auf und am Starnberger See, grandioses Alpenpanorama inklusive. Rechts: Bootshäuschenidylle am selben oberbayerischen Gewässer.

roseninsel.bayern). Ganz in der Nähe bei **Pöcking** (5800 Ew.) wuchs einst die spätere österreichische Kaiserin Elisabeth in Schloss Possenhofen (Urspr. 16. Jh., Privatbesitz) auf und erlebte dort unbeschwerte Jugendjahre.

Tipp

Haus am See

Das **Buchheim Museum** in Bernried am Starnberger See vereint die Expressionistensammlung von Lothar-Günther Buchheim, dem Autor von „Das Boot", mit Volkskundlichem aus Bayern und Kultgegenständen aus Afrika und Asien. Die spektakuläre Architektur des Gebäudes, das in einem über dem See schwebenden Steg endet, schuf Günter Behnisch, der auch das Münchner Olympiastadion gebaut hat.

INFORMATION
Am Hirschgarten 1, 82347 Bernried, April–Okt. Di.–So. u. Fei. 10.00–18.00, Nov.–März nur bis 17.00 Uhr, www.buchheimmuseum.de

HOTEL UND RESTAURANTS
Umgeben von altem Baumbestand liegt das Biohotel **€€ Schlossgut Oberambach** (Oberambach 1, 82541 Münsing, Tel. 08177 93 24 00, www.schlossgut.de) über dem Starnberger See. Die 40 Zi. sind nach ökologischen Gesichtspunkten und mit Elektrosmogreduktion gestaltet. Das Ein-Sterne-Gourmetrestaurant **€€€€ Aubergine** im Hotel Vier Jahreszeiten Starnberg (Münchner Str. 17, 82319 Starnberg, Tel. 08151 44 70-290, www.aubergine-starnberg.de) bietet kreative Küche im modern verglasten Wintergarten. Im schönen Biergarten des bayerischen Gasthauses **€€ Zum Fischmeister** ist manchmal der Besitzer und Schauspieler Sepp Bierbichler anzutreffen (Seeuferstraße 31, 82541 Ambach, Tel. 08177 5 33, www.zumfischmeister.com).

UMGEBUNG
Osterseen: Die 21 kleinen und miteinander verbundenen Moorseen am Südende des Starnberger Sees stehen unter Naturschutz und sind ein Traum zum Wandern, Radeln oder Baden.

INFORMATION
Tourist Information Starnberger Fünf-Seen-Land, Hauptstr. 1, 82319 Starnberg, Tel. 08151 9 06 00, www.sta5.de

3 Tegernsee

Am 8,9 km² großen Tegernsee haben sich schon seit den 1960er-Jahren gern Prominente und Reiche verschwiegen niedergelassen. Im Gegensatz zum Starnberger See sind die Ufer des Tegernsees fast vollständig öffentlich zugänglich, jedoch häufig mit Schilf bewachsen. Die Anreise erfolgt mit der Bayerischen Oberlandbahn (BOB) vom Münchner Hauptbahnhof nach Gmund oder Tegernsee (Fahrzeit c a. 1 Std.). Auf dem See verkehren fünf Fahrgastschiffe (außer von Nov. bis Mitte Dez., Tel. 08022 9 33 11, www.seenschifffahrt.de/tegernsee).

SEHENSWERT
Gmund (6000 Ew.) ist der nördlichste Uferort. Von hier genießt man den bekannten und wunderbaren Blick über den ganzen See und auf die Berge. In **Tegernsee** (3900 Ew.) bildet das ehemalige Benediktinerkloster (gegr. 746) den Mittelpunkt des Ortes. Es wurde 1803 während der Säkularisation zur Residenz umgebaut, so dass hier nun Bräustüberl, Gymnasium und Klosterkirche unter einem Dach vereint sind. Die ehemalige Klosterkirche besitzt noch ihren Kern aus dem 11. Jh. mit Fresken von Johann Georg Asam und der Fassade Leo von Klenzes. **Bad Wiessee** (5000 Ew.) am Westufer ist seit 1922 der Kurort am See. Schon seit 1411 suchen dort Menschen Hilfe und Heilung, denn hier sprudeln die stärksten Jod-Schwefelquellen Deutschlands. Abwechslung und Nervenkitzel bietet die Spielbank. Im edlen **Rottach-Egern**

Tipp

Drei Sterne!

Der gastronomische Star vom Tegernsee inszeniert mit seinem fest im Voralpenland verwurzelten kreativen Stil die Region auf dem Teller: Christian Jürgens ist Drei-Sterne-Koch des **Gourmetrestaurants Überfahrt** in Rottach-Egern. Gelernt hat er von den Besten seiner Zunft: im Münchner „Tantris", in der „Residenz Heinz Winkler" in Aschau oder einst im Münchner „Aubergine" bei Eckart Witzigmann.

INFORMATION
Gourmetrestaurant Überfahrt im Althoff Seehotel, Überfahrtstr.10, 83700 Rottach-Egern, Tel. 08022 6 69 29 22, www.seehotel-ueberfahrt.com

Tipp

Oben, gehoben

Das **€€€€ Tegernsee** vereint vier Häuser vom Turmschlösschen bis zum modernen Alpenstyle-Ensemble. Weitläufiges, minimalistisch gestaltetes Spa und Restaurant mit gehobener Regionalküche.

INFORMATION
Neureuthstraße 23, 83684 Tegernsee, Tel. 08022 18 20, www.dastegernsee.de

(5800 Ew.) wurden Maler, Dichter und Komponisten inspiriert. Auf dem Friedhof sind Ludwig Thoma und Ludwig Ganghofer beerdigt.

RESTAURANT
Das **€€ Herzogliche Bräustüberl** (Schlossplatz 1, 83684 Tegernsee, Tel. 08022 41 41, www.braustuberl.de) ist eine der bekanntesten, traditionsreichsten Wirtschaften Bayerns.

WELLNESS
Monte Mare: Große Seesauna mit Strandbad in Tegernsee, darunter eine Sauna im stillgelegten Schulschiff „Irmingard" (Hauptstraße 63, 83684 Tegernsee, Tel. 08022 18 74 77-0, www.monte-mare.de, tgl. 10.00– 23.00, Fr., Sa. bis 24.00, So. bis 21.00 Uhr).

INFORMATION
Tegernseer Tal Tourismus, Hauptstraße 2, 83684 Tegernsee, Tel. 08022 9 27 38-0, www.tegernsee.com

4 Schliersee

Der nur 2,22 km² große Schliersee ist ein Badesee mit bester Wasserqualität und der gleichnamige Markt Schliersee ein bekannter, aber immer noch ruhiger Urlaubs- und Wintersportort. Im See befindet sich die mit einem Gasthaus bebaute Insel Wörth. Anreise mit der Bayerischen Oberlandbahn (BOB) vom Münchner Hauptbahnhof nach Schliersee (ca. 1 Std.), Schiffsbetrieb Mai–Ende Sept. (Tel. 08026 9 25 56 58, www.schlierseeschifffahrt.de.

SEHENSWERT/MUSEUM
Einen schönen Überblick hat man vom 1256 m hohen, per Seilbahn zu erreichenden **Schliersberg** mit der **Schliersbergalm** (83727 Schliersee, Tel. 08026 67 22, www.schliersbergalm.de). Einen Besuch lohnen Markus Wasmeiers **Freilichtmuseum** (Brunnbichl 5, 83727 Schliersee/Neuhaus, Tel. 08026 9 29 22-0, www.wasmeier.de, April–Anf. Nov., Di.–So. u. Fei. 10.00–17.00 Uhr) und die **Slyrs Whisky Destillerie** (Tel. 08026 9 22 27 95, www.slyrs.de, tgl. 10.00–17.00 Uhr).

INFORMATION
Gäste-Information Schliersee, Perfallstr. 4, 83727 Schliersee, Tel. 08026 60 65-0, www.schliersee.de

Genießen Erleben Erfahren

DuMont Aktiv

Ein Schiff wird kommen ...

Was gibt es schöneres, als bei einer leichten Brise vor Alpenpanorama über den See zu fahren? Noch dazu, wenn die Fahrt wie auf der „Starnberg" mit Piano- und Geigenklängen samt Gourmetbüffet begleitet wird. Da werden Erinnerungen an die Wittelsbacher Könige lebendig, die einst ähnlich mondäne Feste auf dem Starnberger See feierten und sich dafür sogar das Prunkschiff „Bucentaurus" bauen ließen. Besonders am Starnberger See ist es vom Wasser aus reizvoll, viele prächtige Villen und Schlösser am Ufer einzusehen, die man von der Landseite her nur erahnen kann.

Mit besten Bedingungen zum Segeln wartet der Ammersee auf, schließlich liegt in Dießen Deutschlands älteste Binnensee-Segelschule. Schon 1936 erwarb die Ammersee-Segelschule die „Albatros", die ehemalige Jacht des Zaren Nikolaus II., und bietet damit heute historische Segeltörns an. Nostalgie-Flair haben aber auch die beiden Schaufelraddampfer „Dießen" und „Herrsching", mit denen bisweilen Tanzfahrten unternommen werden.

Beim Tanzen kommt man fast so ins Schwitzen wie nach einem Aufguss in der heißen „Irmingard". Das ehemalige Schulschiff für Kapitäne ist als Saunaschiff im Hafen der Wellnessanlage „Monte Mare" am Tegernsee in Ruhestand gegangen. Ein abschließendes Bad im See sorgt jedenfalls immer für Abkühlung.

Weitere Informationen

Historischer Segeltörn am Ammersee: www.ammersee-segelschule.de
Saunaschiff am Tegernsee: www.monte-mare.de
Erlebnisfahrten auf Tegernsee, Ammersee und Starnberger See: www.bayerische-seen schifffahrt.de

Tegernseer Schifffahrtsbetrieb – gesehen vom Freisitz im Herzoglichen Bräuhaus.

Die gemütlichsten Biergärten

Prost Mahlzeit!

Ein traditioneller Biergarten muss in Bayern drei Kriterien erfüllen: Das Bier wird in Maßkrügen ausgeschenkt, die Brotzeit darf mitgebracht werden (es gibt sie aber auch als Selbstbedienung an der Schänke zu kaufen), Biertische und Bänke sind aus Holz. Die üppigen Kastanienbäume, die einst zur Kühlung der Bierkeller dienten, sorgen heute für einen (meist) kühlen Kopf der Gäste.

1 Königlicher Hirschgarten

Schon in früheren Jahrhunderten feierten hier die Wittelsbacher ihre Feste. Gezapft werden Augustiner aus dem Holzfass, König-Ludwig-Biere und Biere des herzoglichen Brauhauses Tegernsee. Auf vielen der 8000 Sitzplätze genießt man lange die Sonne, zudem grenzt ganz idyllisch ein Damwildgehege mit 30 Tieren an den Biergarten. Nach wie vor ein Geheimtipp ist im Hirschgarten das Magdalenenfest Mitte Juli, eine kleine Dult mit Marktständen, Fahrgeschäften und vielen Leckereien.

Hirschgarten 1, 80639 München, Tel. 089 17 99 91 19, www.hirschgarten.de

2 Taxisgarten

Klein, aber fein. Der Biergarten mit seinen 1500 Plätzen liegt versteckt im ruhigen Wohnviertel Gern (das zusammen mit Neuhausen und Nymphenburg den Stadtbezirk Neuhausen-Nymphenburg bildet), ist aber mit öffentlichen Verkehrsmitteln gut erreichbar. Wegen seines großen Kinderspielplatzes ist er bei Familien sehr beliebt. Unter hohen Eschen und Kastanien sitzt man gemütlich an runden Tischen und auf Bierbänken mit Rückenlehnen. Ausgeschenkt wird Hofbräu; eine (Käse-)Spezialität ist der grüne Obazda.

Taxisstraße 12, 80637 München, Tel. 089 15 68 27, www.taxisgarten.de

3 Augustiner-Keller

Schon im Jahr 1807 hat man hier einen Keller in acht Meter Tiefe gebaut, in dem das Bier mit Eis gekühlt wurde. Wem es heute sommers draußen im Biergarten mit 5000 Plätzen zu heiß wird, der findet hier unter riesigen, teils über hundert Jahre alten Kastanien angenehme Kühlung. Direkt gegenüber befand sich einst die öffentliche Richtstätte Münchens, auf der im Jahr 1861 der letzte Kopf rollte.

Arnulfstr. 52, 80335 München, Tel. 089 59 43 93, www.augustinerkeller.de

4 Aumeister

Am Nordrand des Englischen Gartens ist dieser traditionelle, ruhig und idyllisch gelegene Biergarten mit 3000 Plätzen besonders bei Radlern und Spaziergängern beliebt. Wegen seiner Parklage gibt es keine Anwohner, die sich gestört fühlen könnten, und deshalb auch keine Sperrzeiten. Ausgeschenkt wird Hofbräu, verspeist werden bayerisch-mediterrane Schmankerl, zu denen auch Steckerlfisch gehört.

Sondermeierstrasse 1, 80939 München, Tel. 089 18 93 14 20, www.aumeister.de

5 Seehaus im Englischen Garten

Der Biergarten direkt am Kleinhesseloher See ist bekannt für sein südländisches Flair. Hier trifft das Szenepublikum auf den Sportler und die Spaziergänger im Englischen Garten. Die besten der 2500 Plätze sind direkt am Seeufer, wo man den Ruderbötchen zusehen kann. Ausgeschenkt wird Paulaner. Wem es im Biergarten zu urig ist – es gibt auch ein Restaurant mit schöner Terrasse, in dem Zander und Tafelspitz serviert werden.

Kleinhesselohe 3, 80802 München, Tel. 089 38 16 13-0, www.kuffler-gastronomie.de

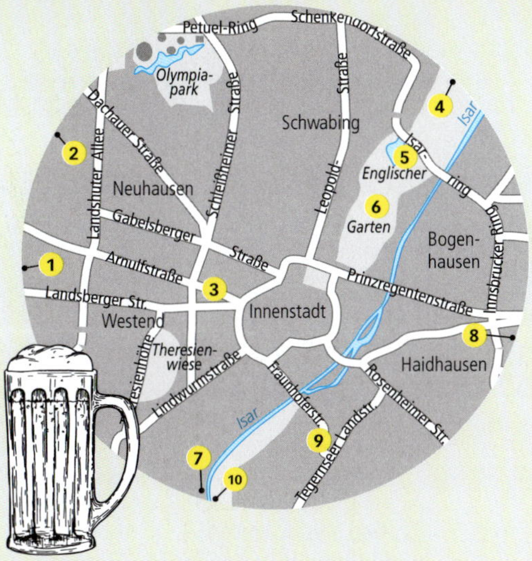

6 Chinesischer Turm

Einzig die Musiker dürfen den alten Holzturm noch besteigen und bei schönem Wetter von oben ihre Blasmusik zum Besten geben. Im Sommer findet jeden Sonntag ab 11.00 Uhr ein bayerischer Frühschoppen mit Weißwürsten und Brezen statt. Direkt im Englischen Garten gelegen, gibt es 7000 Plätze, ausgeschenkt wird Hofbräu. Dazu isst man zünftige Biergartenschmankerl vom Hendl bis zur Haxn – es gibt aber auch Vegetarisches.

Englischer Garten 3,
80538 München,
Tel. 089 383 87 30,
www.chinaturm.de

7 Zum Flaucher

Der schmucke Biergarten mitten in den mit geglückter Hand sorgsam renaturierten Isarauen ist das ideale Ziel vieler Münchner nach einem Badetag bzw. einer Jogging- oder Radlrunde an der Isar, um hier gemütlich den Tag ausklingen zu lassen. Für die kleinsten Besucher gibt es auch einen großen Kinderspielplatz. Im Biergarten mit seinen 1300 Plätzen werden Löwenbräu und Franziskaner ausgeschenkt; zur Brotzeit gibt es frisch gebackene Brezn.

Isarauen 8, 81379 München,
Tel. 089 723 26 77,
www.zum-flaucher.de

8 Franziskaner Garten

Dieser Biergarten im Münchner Osten ist bekannt für sein original Franziskaner Weißbier. Der ehemalige Ausflugsbiergarten mit 2000 Plätzen in Trudering hat sich zu einem populären Stadtteiltreffpunkt entwickelt. Ausgeschenkt wird auch Spaten Hell vom Fass, die Küche kredenzt neben herzhaften Brotzeiten und saftigen Braten auch süße Kleinigkeiten. Außer dem Biergarten gibt es noch ein Wirtshaus mit 200 und einen Wirtsgarten mit 180 Plätzen.

Friedenspromenade 45,
81827 München,
Tel. 089 430 09 96, www.
franziskanergarten.de

9 Paulaner am Nockherberg

Handgreiflich sind hier die Gäste heute nicht mehr wie im Jahr 1888 in der berühmt-berüchtigten „Salvator-Schlacht", bei der sich 4000 Leute prügelten. Verbale Watschen gibt es allerdings immer noch – beim „Politiker-Derbleck'n" Anfang/Mitte März zum Beginn des Starkbierfestes und Salvator-Ausschanks. Wegen einer umfassenden Renovierung bleibt der Biergarten 2017 geschlossen; zum Politiker-Derblecken 2018 soll es dann einen ganz neuen Nockherberg geben (mit eigener Kleinbierbrauerei).

Hochstraße 77,
81541 München,
Tel. 089 45 99 13-0,
www.nockherberg.com

10 Waldwirtschaft Großhesselohe

Der von Münchnern gerne „WaWi" genannte Jazzbiergarten im südlichen Isartal ist ein Sommertreffpunkt der Münchner Szenegänger mit sonntäglichem Jazz-Frühschoppen. Bereits um 1800 legte sich die „Waldwirtschaft Hesselohe", wie sie damals genannt wurde, einen Tanzpavillon zu, heute spielt bei schönem Wetter täglich eine Jazz-Band. Es gibt 2000 Plätze, ausgeschenkt wird Spatenbier; dazu isst man gern heiße Schmankerl vom Grill.

Georg-Kalb-Straße 3,
82049 Pullach bei München,
Tel. 089 74 99 40 30,
www.waldwirtschaft.de

Rechts: Ankunft am Flughafen München. Oben: Mit der Rikscha durch die Innenstadt. Rechts oben: Größer wird der Besichtigungsradius mit einem Bus der Münchner Stadtrundfahrten.

Service

Praktische Informationen für die Reise und einiges Wissenswerte über die bayerische Landeshauptstadt haben wir hier für Sie zusammengetragen.

Anreise

Mit dem Auto: München ist mit einem weitreichenden Autobahnnetz verbunden: von Norden über die A 9 aus Nürnberg. Vom Westen über die A 8 aus Stuttgart oder A 96 aus Lindau. Vom Süden über die A 95 aus Garmisch-Partenkirchen oder A 8 aus Rosenheim. Und vom Osten über die A 94 aus Mühldorf.
Mit dem Bus: Der Zentrale Omnibusbahnhof (ZOB) an der Hackerbrücke verfügt über eine Anbindung an ein europaweites Liniennetz von Fernbus-Destinationen.
Mit dem Flugzeug: Der Flughafen München unterhält Verbindungen zu jedem anderen deutschen Verkehrsflughafen, zum Teil mehrfach täglich, und ist nach Frankfurt a. M. das zweite internationale Drehkreuz der Lufthansa. Mit der S 1 und S 8 hat der Passagier Anschluss in die Innenstadt.
Mit dem Zug: Von München gibt es unter anderem direkte ICE-Verbindungen nach Berlin, Hamburg, Dortmund, Frankfurt und Stuttgart. Hauptbahnhof, Ostbahnhof und der Pasinger Bahnhof sind an das U-, S-, Tram- und Busnetz der Stadt angeschlossen.

Auskunft

Touristeninformation im Rathaus, Marienplatz 8, Mo.–Fr. 9.30–19.30, Sa. 9.00–16.00, So./Fei. 10.00–14.00 Uhr, www.einfach-muenchen.de
Touristeninformation am Hauptbahnhof, Bahnhofsplatz 2, Mo.–Fr. 9.00–20.00, So. /Fei. 10.00–18.00 Uhr, www.einfach-muenchen.de
Tourismus Oberbayern München e.V. (TOM), Balanstraße 57, 81541 München, www.oberbayern.de

Autofahren

Umweltzone und Umweltplakette: Seit 2012 sind, je nach Schadstoffgruppe des Wagens, verschiedene Feinstaubplaketten Pflicht. Innerhalb des Mittleren Rings dürfen nur noch Autos mit grüner Plakette fahren, Fahrzeuge mit gelber oder roter Plakette sind verboten – ebenso Autos ohne Plakette. Die Regelung gilt auch für Touristen und Autos mit ausländischem Kennzeichen. Verstöße werden mit einem Bußgeld von 80 Euro geahndet. Es ist ratsam, die entsprechende Plakette vorab beim TÜV im Internet zu bestellen: www.tuev-sued.de
Parken: Innerhalb des Mittleren Rings darf nur noch eingeschränkt geparkt werden. Die Stadtbezirke sind in verschiedene Parkzonen eingeteilt und mit ortsspezifischen Parkregelungen versehen, wobei selbst Anwohner Parklizenzen benötigen. Wer alternativ nicht lange nach einem Parkhaus suchen will, lässt besser das Auto auf dem Hotelparkplatz oder nutzt so genannte Park- & Ride-Plätze an den U- und S-Bahnen, die zum Teil kostenfrei zur Verfügung stehen (www.parkundride.de).

Essen und Trinken

Wie die bayerische Küche ist auch die **Münchner Küche** hauptsächlich eine Bauernküche. Die Zutaten waren früher meist einfach. Gekocht wurde mit dem, was der Bauernhof so hergab: Kartoffeln, Mehl, Eier, Milch, Käse, Butter, Obst und Gemüse, Pilze und Beeren aus dem Wald. Nur fürs Sonntagsessen gab es dann Schweinebraten, Hühnchen, Fisch oder auch mal Wild.
Münchner Spezialitäten: Nicht nur der Wiener kennt ein Schnitzel, das nach seiner Stadt benannt ist. Das Münchner Schnitzel ist etwas pikanter als das Wiener Original. Die zarten Kalbsschnitzel werden dafür auf der einen Seite mit süßem Senf und auf der anderen mit frischem Meerrettich bestrichen, und die krosse Kruste beim Herausbacken in Butterschmalz stammt von einer Panade aus Breznbröseln. Dazu wird ein frischer Gurken-Kartoffel-Salat gereicht, fertig ist das Münchner Schnitzel-Essen. München im Namen tragen sonst noch der ohne Käse gereichte Wurstsalat und natürlich die Weißwurst.
Brotzeiten: Brotzeit ist die schönste Zeit. Sie kann auch als zweites Frühstück eingenommen werden bzw. das Mittag- oder Abendessen ersetzen. Die Auswahl ist klar definiert: Käse-, Wurst- und Schinkenplatten, Griebenschmalz- oder Butter-Schnittlauch-Brote und ein Obazder (reifer Camembert, der mit Butter, Salz, Pfeffer, Zwiebeln und Paprikapulver angemacht und aufs Schwarzbrot oder auf eine Brezn gestrichen wird). Dazu kommen oft Radi (Rettich) oder Radieschen, Wurstsalat, Fleischpflanzl, hochdeutsch Frikadelle, oder Leberkäs. Solche Brotzeiten gehören fest zu jedem Biergarten-Essen und dürfen dorthin von den Gästen auch mitgebracht werden. Nur das Bier wird am Ausschank gekauft.
Hauptgerichte: Geht es um knusprige Schweinshaxn und krossen Schweinsbraten, dann ist man schon bei den Hauptgerichten angelangt. Und die bestehen hauptsächlich aus viel (Schweine-)Fleisch. Auch Hendl (Hähnchen), Schnitzel und Ripperl (Kassler) sowie Wildgerichte stehen auf jeder regional ausgerichteten Speisekarte. Ist gerade Saison, werden auch gerne Schwammerl (Pilze) gegessen. Der Tafelspitz, in Oberbayern auch Tellerfleisch genannt, wurde aus Österreich übernommen, das Kalbsschäuferl aus Franken, die Kässpatzn aus dem Allgäu. Verwertet wird in der bäuerli-

Der Klassiker: Schweinshaxn mit Knödel, Kraut – und Bier, versteht sich. Hier gesehen (und gegessen) im Münchner Traditionsgasthaus „Zum Augustiner" in der Neuhauser Straße mitten im Zentrum.

chen Küche alles, auch Euter, Kutteln, Kalbsköpfe und Kälberfüße. Innereien wie Herz, Lunge, Milz und Leber werden zu einem „Beuscherl" verarbeitet. An den Seen stehen auch gern Renke, Saibling und Forelle auf den Speisekarten. Typische Beilagen sind Semmel- und Kartoffelknödel, Kartoffelsalat sowie Sauerkraut oder Krautsalat. Traditionell beginnt man mit einer deftigen klaren Fleischbrühe, etwa mit Griesnockerl oder Leberklößchen als Einlage, und schließt zum Dessert mit einer Bayerischen Creme, Dampfnudeln (ein Hefegebäck mit Vanillesauce) oder Auszognen, einem Hefegebäck, das in heißem Schmalz schwimmend ausgebacken und mit Puderzucker bestreut wird.

Preiskategorien

€€€€	Hauptspeisen	über 25	€
€€€	Hauptspeisen	15–25	€
€€	Hauptspeisen	10–15	€
€	Hauptspeisen	5–10	€

Restaurantempfehlungen finden Sie auf den Infoseiten und im DuMont-Thema „Zwischen Weißwurst und Haute Cuisine" (S. 106 f.).

Feiertage und Feste

Religiöse und politische Feiertage: Neujahr am 1. Januar, Heilige Drei Könige am 6. Januar, die beweglichen Ostertage, der 1. Mai als Tag der Arbeit, die beweglichen Feiertage zu Christi Himmelfahrt, Pfingsten, Fronleichnam, Mariä Himmelfahrt am 15. August, der Tag der Deutschen Einheit am 3. Oktober, Allerheiligen am 1. November sowie neben dem Heiligen Abend am 24. Dezember auch die Weihnachtsfeiertage am 25. und 26.12.

Feste und Feiern: Das Feierjahr beginnt mit dem Fasching im Februar, der sich in München im öffentlichen Leben weitgehend auf die Zeit von Faschingssonntag bis Faschingsdienstag beschränkt. Den Höhepunkt der närrischen Zeit in München markiert am Faschingsdienstag der Tanz der Marktweiber auf dem Viktualienmarkt. Dann versammeln sich Tausende Faschingsfreunde, um den Marktfrauen in ihren prächtigen Kostümen beim fröhlichen Tanzen zuzusehen (Beginn 10.30 Uhr).

Anschließend folgt die Starkbierzeit. Das Frühlingsfest steht im April auf dem Programm. Zu Fronleichnam im Mai können im Zentrum und in vielen Vierteln traditionelle Prozessionen gesehen werden. Dann findet auch die erste von drei Auer Dulten auf dem Mariahilfplatz statt, ein traditionelles Volksfest mit Antiquitäten, Trödel, Schmankerln und Fahrgeschäften, das es in Folge noch mit einer Jakobidult im Sommer und einer Kirchweihdult im Herbst gibt. Außerdem wird im Mai auch der Maibock ausgeschenkt, ein mit mindestens sechs Prozent Alkoholgehalt sehr starkes Bier.

Seinen Stadtgeburtstag feiert München jeweils am 14. Juni. Im selben Monat rückt die Stadt auch durch das einwöchige Filmfest München mit Festzentrum Am Gasteig international durch mehrere Uraufführungen ins Rampenlicht. Für Opernfreunde gibt es als Pendant im Juli die Opernfestspiele, für die in der Regel nur schwer Karten zu bekommen sind (www.bayerische.staatsoper.de). Ein schrilles und buntes Kontrastprogramm hierzu bietet im gleichen Monat der Christopher Street Day.

Im August wird beim Theatron Musiksommer und beim jährlichen Sommerfest im Olympiapark Open-Air gefeiert.

Ab dem dritten September-Wochenende bis zum ersten Oktober-Sonntag herrscht Ausnahmezustand in der ganzen Stadt, denn dann ist Wiesnzeit auf der Theresienwiese.

Im November kann man beim Literaturfest in die Welt der Bücher eintauchen. Es vereint

Info

Daten & Fakten

Bevölkerung: München hat 1,5 Millionen Einwohner, trägt die Stadtfarben schwarz-gelb und im Wappen das Münchner Kindl. Dieses stellt einen Benediktinermönch dar und erinnert an die erste Besiedlung durch Mönche. 33 Prozent gehören der römisch-katholischen Kirche an, 11 Prozent sind Protestanten, 7 Prozent Muslime und 0,3 Prozent jüdischen Glaubens. Von mehr als 50 Prozent liegen keine Angaben zu einer Religionszugehörigkeit vor.

Mit 4900 Einwohnern pro km² gehört München zu den am dichtesten besiedelten Städten Europas. Mit einem Durchschnittswert von fast 17 Euro pro m² hat München die teuersten Mieten in Deutschland. In Relation zur Gesamteinwohnerzahl hat München mit mehr als 27 Prozent einen der höchsten Ausländeranteile Deutschlands, wobei die Menschen aus insgesamt 180 verschiedenen Nationen stammen.

Infrastruktur: München liegt im Alpenvorland an der Isar, einem im Karwendel entspringenden, bei Deggendorf in die Donau mündenden Fluss, der auf ca. 14 km quer durch die ganze Stadt fließt. Die Stadtfläche auf durchschnittlich 519 m Höhe umfasst mehr als 310 km². Keine Stadt in Europa bietet im Verhältnis zur Einwohnerzahl ein dichteres öffentliches Nahverkehrsnetz. S-, U- und Tram-Bahnen bedienen zusammen ein Netz von fast 700 km.

Politik: Regiert wird die Stadt jeweils für sechs Jahre von einem direkt gewählten Oberbürgermeister, zwei aus den Reihen des Stadtrats stammenden Bürgermeistern und 13 hauptamtlichen Referenten für Verwaltungsfragen. Im Stadtrat tagen 80 Stadträte.

Wirtschaft: München ist mit mehr als 100 000 Studenten nach Berlin die wichtigste Universitätsstadt Deutschlands. Mit 30 000 Euro pro Kopf verfügen die Münchner über die größte Kaufkraft des Landes, die Arbeitslosenquote ist mit durchschnittlich 4,6 Prozent in den letzten Jahren die niedrigste der Republik. München gehört zu den wichtigsten Wirtschaftszentren Europas. Nach Frankfurt a. M. hat die Stadt den zweitgrößten Flughafen in Deutschland. Sie ist der führende High-Tech-Standort der Republik und eines der wichtigsten Medienzentren. Die meisten börsennotierten Unternehmen Deutschlands haben ihren Hauptsitz in München und Umgebung: Allianz, BMW, Linde, die Münchner Rück, Siemens, Infineon Technologies und die ProSiebenSat.1 Media SE.

Jonathan Borofskys „Walking Man" vor dem Gebäude der Münchner Rück.

Sportlich: mit dem Rad durch die Schwabinger Tengstraße.

Wohnlich: Auf der Dachterrasse des Fünf-Sterne-Luxushotels Bayerischer Hof überblickt man das Herz der Stadt.

Info

Geschichte

8. Jh.: Mönche lassen sich im heutigen Stadtgebiet nieder.
1158: Stadtgründung durch den Herzog von Bayern und Sachsen, Heinrich der Löwe.
1175: München erhält die Stadtrechte, die erste Stadtbefestigung wird gebaut.
1240: München kommt in Wittelsbacher Besitz und wird 1255 Residenzstadt.
1468: Grundsteinlegung der Frauenkirche, deren Bau nach 20 Jahren vollendet ist.
16. Jh.: München entwickelt sich zu einem Zentrum der Renaissance und der Gegenreformation.
1589: Gründung des „Hofbräuhauses".
1632: Während des Dreißigjährigen Kriegs wird München von Schweden eingenommen.
1657: München erhält sein erstes Opernhaus.
1705: Im Spanischen Erbfolgekrieg kommt München unter habsburgische Besatzung.
1759: Gründung der Bayerischen Akademie der Wissenschaften.
1789: Der Englische Garten wird angelegt.
1806: München wird Hauptstadt des napoleonischen Königreichs Bayern. König ist Maximilian I. Joseph.
1825–1848: Unter der Regierung von König Ludwig I. von Bayern entwickelt sich München zur renommierten Kunststadt.
1848–1864: König Maximilian II. fördert insbesondere die Geisteswissenschaften.
1864–1886: König Ludwig II. regiert und lässt die Märchenschlösser Neuschwanstein, Linderhof und Herrenchiemsee errichten.
1886–1912: Prinzregent Luitpold übernimmt die Regierungsgeschäfte.
1900: Die Stadt hat jetzt 500 000 Einwohner und ist eines der wichtigsten Kunstzentren in Europa.
1912: Ludwig III. wird König
1918: Novemberrevolution. König Ludwig III. verlässt Bayern, die Monarchie wird abgeschafft.
1919: Die Münchner Räterepublik wird ausgerufen und kurz danach zerschlagen.
1923: Der Marsch auf die Feldherrnhalle scheitert und damit der Hitlerputsch.
1933: Nordwestlich von München entsteht in Dachau das erste KZ Deutschlands.
1944: Während des Zweiten Weltkriegs erleidet München verheerende Bombenangriffe.
1945: US-Truppen besetzen die Stadt.
1946: München wird Hauptstadt des Freistaats Bayern.
1957: Die Stadt hat jetzt 1 Mio. Einwohner.
1972: München ist Gastgeber der 20. Olympischen Sommerspiele. Dies geht einher mit der Inbetriebnahme von U- und S-Bahn sowie der Eröffnung der Fußgängerzone in der Neuhauser- und Kaufingerstraße.
1974: In München wird das Endspiel der 10. Fußball-Weltmeisterschaft ausgetragen.
1992: Spektakulärer Umzug über Nacht: Abends wird der alte Flughafen Riem geschlossen, am nächsten Morgen der neue Flughafen im Erdinger Moos eröffnet.
2004: In einem Bürgerentscheid beschließen die Münchner, dass kein neues Gebäude höher sein darf als die Türme der Frauenkirche mit ihren knapp hundert Metern.
2006: Eröffnung der 18. Fußball-Weltmeisterschaft in der – erst im Jahr zuvor eingeweihten – Allianz Arena.
2016: Die Einwohnerzahl steigt auf 1,5 Mio.
2017: Baubeginn einer zweiten S-Bahn-stammstrecke zwischen Laim und Leuchtenbergring. Geschätzte Gesamtkosten: 3,8 Milliarden Euro.

Münchens Olympiaberg entstand aus den Trümmern des Zweiten Weltkriegs.

üblicherweise drei literarische Ereignisse unter einem Dach: die Münchner Bücherschau im Gasteig, das forum:autoren und das Festprogramm des Literaturhauses.
Den Schlusspunkt setzen im Dezember die vielen Weihnachtsmärkte in der Stadt. Der größte findet auf dem Marienplatz statt. Einen Mittelaltermarkt mit Gauklern, Rittern und Minnesängern gibt es am Wittelsbacherplatz, Kunsthandwerk kauft man entweder an der Münchner Freiheit oder auf dem Tollwood auf der Theresienwiese. Sehr stimmungsvoll sind die kleineren Christkindlmärkte im Englischen Garten am Chinesischen Turm, in der Münchner Residenz, aber auch in der Blutenburg in Obermenzing.

Hotels

Jährlich bleiben etwa 14 Mio. Gäste in München über Nacht. Hierfür verfügt die Stadt über mehr als 400 Hotels mit fast 40 000 Hotelzimmern. Innerhalb Deutschlands hat München neben Frankfurt a. M. die höchsten Hotelpreise der Republik, schneidet aber im internationalen Vergleich vor allem bei Luxushotels immer noch recht günstig ab. Die durchschnittliche Hotelrate pro Nacht liegt in München bei ca. 110 Euro. Vor allem in den letzten Jahren sind aber auch einige moderne und sehr preisgünstige Unterkünfte wie Moxy am Münchner Flughafen oder Cocoon und Aloft am Hauptbahnhof entstanden, die mit auffallendem Design und großzügigen Lounge- und Barkonzepten samt kostenlosen WLAN-Arbeitsplätzen zunehmend junge Städtereisende ansprechen. Vor allem die Gegend um den Hauptbahnhof haben solche Hotels als lukrativen Ausgehtreffpunkt enorm aufgewertet. Das preisgünstige Designkonzept scheint sich auszuzahlen, denn sogar Kettenhotels wie Ibis haben in München mit einer neuen Style-Marke nachgelegt.

Preiskategorien

€€€€	Doppelzimmer	über 200 €
€€€	Doppelzimmer	150–200 €
€€	Doppelzimmer	100–150 €
€	Doppelzimmer	80–100 €

€€€€ Bayerischer Hof (Promenadeplatz 2–6, 80333 München, Tel. 089 21 20-0, www.bayerischerhof.de). Das im Jahr 1841 errichtete Grandhotel steht mit seinen 340 Zi. u. Suiten auch heute noch für klassische Eleganz. Hinzu kommen ein hochwertiges Dachterrassen-Spa mit fantastischem Ausblick, das Gourmetrestaurant Atelier (zwei Michelin-Sterne), die Bar Trader Vic's mit polynesischem Flair (und ebensolchen Köstlichkeiten) sowie der Nightclub, in dem immer wieder auch internationale Jazz-Größen auftreten.
€€€€ Königshof (Karlsplatz 25, 80335 München, Tel. 089 5 51 36-0, www.koenigshof-hotel.de). Das Luxushotel der Hotelfamilie Geisel

bietet 87 Zi. u. Suiten sowie ein Gourmetrestaurant (ein Michelin-Stern). Ende 2018 soll das Haus am Stachus abgerissen und durch einen spektakulären Neubau ersetzt werden. Erhalten bleibt dagegen gleich nebenan das Designhotel €€€ **Anna Hotel** (Schützenstraße 1, 80335 München, Tel. 089 59 99 40, www.annahotel.de) mit 75 Zi. und Turmsuiten.

€€€€ Vier Jahreszeiten Kempinski (Maximilianstraße 17, 80539 München, Tel. 089 2 12 50, www.kempinski.com). Auf Wunsch des Königs Maximilian II. wurde das Grandhotel in der mondänen Maximilianstraße 1858 erbaut. Das Haus mit seinen 297 Zi. u. Suiten verbindet historischen Charme mit moderner Ausstattung. Innovative Küche mit regionalem Bezug bietet das Restaurant Schwarzreiter, benannt nach dem Lieblingsfischgericht von Ludwig II.

€€€€ Mandarin Oriental (Neuturmstraße 1, 80331 München, Tel. 089 29 09 80, www.mandarinoriental.com). Das Neorenaissance-Palais mit 73 Zi. u. Suiten hat einen kleinen Rooftop-Pool mit fantastischer Aussicht und ein asiatisch-mediterranes Dachterrassenlokal. Außerdem bietet das Haus das erste japanisch-peruanische Restaurant von Nobuyuki Matsuhisa in Deutschland.

€€€/€€€€ Hilton Munich Park (Am Tucherpark 7, 80538 München, Tel. 089 38 45-0, www.hiltonhotels.de). In ruhiger Lage direkt am Englischen Garten und an der Isar gelegen, haben alle 484 Zi. einen Balkon mit Ausblick auf Park, Alpen oder Innenstadt.

€€€ Freisinger Hof (Oberföhringer Str. 189 bis 191, 81925 München, Tel. 089 95 23 02, http://freisinger-hof.de). Der gediegene, familiengeführte Landgasthof von 1875 mit 51 Zi., Terrasse und Biergarten betreibt ein Restaurant mit feinen Schmankerln aus der österreichischen und süddeutschen Küche.

€€€ Louis Hotel (Viktualienmarkt 6, 80331 München, Tel. 089 41 11 90 80, www.louis-hotel.com). Direkt mit Blick auf den Viktualienmarkt gelegen, verfügt das moderne Haus über 72 Zi. Japanische Küche genießt man im Sommer auf der kleinen Dachterrasse zum Hof.

€€€ Westin Grand (Arabellastraße 6, München, 81925, Tel. 089 92 64-0, www.westingrandmunich.com). Schon die Lobby des ganz in der Nähe des Englischen Gartens gelegenen Hotels ist in Form und Farbe des Isarlaufs angelegt. Auch 60 der mehr als 600 Zi. und Suiten wurden nach dem Vorbild der mäandernden Isar mit ihren runden Kieseln und strahlenden Blautönen entworfen.

€€ Aloft (Bayerstraße 37, 80335 München, Tel. 089 540 23 70, www.aloftmunichhotel.com). Das Design-Hotel mit Lobby-Bar veranstaltet auch Live-Konzerte, hat 184 Zi. und liegt direkt gegenüber dem Hauptbahnhof.

€€ Opéra (St. Anna-Straße 10, 80538 München, Tel. 089 2 10 49 40, www.hotel-opera.de). In dem Schmuckkästchen an der Oper ist jedes der 25 Zi. individuell in einem unterschiedlichen Einrichtungsstil gehalten. Moderne Akzente werden mit Antiquitäten kombiniert.

€€ Scheck Allwetteranlage (Münchner Str. 15, 85774 Unterföhring, Tel. 089 99 28 74-0, http://allwetteranlage.de/sportscheck-hotel-muenchen). Übernachten im sportlichen Ambiente: Das größte Sport-Resort Münchens verfügt u.a. über eine 3000 m² große Fitnessanlage, sowie eine Panorama-Sauna mit tollem Blick auf den nördlichen Englischen Garten und die Isar.

€/€€ Gästehaus Englischer Garten (Liebergesellstraße 8, 80802 München, Tel. 089 3 83 94 10, http://hotelenglischergarten.de). Elf individuell eingerichtete Zi. befinden sich im romantisch vom Efeu bewachsenen Haupthaus. Hinzu kommen 20 moderne Apartments im Nebenhaus des kleinen, privat geführten Hotels am Englischen Garten.

€ Jugendherberge München-Park (Miesingstr. 4, 81379 München, Tel. 089 78 57 67 70, www.jugendherberge.de). Direkt in den Isar-Auen gelegen, wohnt man hier im Grünen und befindet sich gleichzeitig mitten in der Stadt. Die Jugendherberge verfügt über 366 Betten und eine großzügige Lounge. Kinder unter 6 Jahren wohnen kostenlos.

Rad fahren

Das Münchner Radwegenetz ist sehr gut ausgebaut und entspricht in seiner Länge mit mehr als 1200 km mehr als der Hälfte des Straßennetzes. Da sich die meisten Sehenswürdigkeiten im Zentrum und in umliegenden Vierteln ballen, ist ein Radl bei schönem Wetter eine der besten und schönsten Möglichkeiten, die Stadt zu entdecken. Gegen Gebühr dürfen Räder auch in der U- oder S-Bahn mitgenommen werden. An 125 Nahverkehrs-Haltestellen und zentralen Punkten stellt die Münchner Verkehrsgesellschaft (MVG) 1200 Leihräder zur Verfügung. Um das System zu nutzen, benötigt man die kostenlose App „MVG more". Standardpreis 8 Cent/Min., www.mvg.de/services/mobile-services/mvg-rad.html. Es gibt aber auch herkömmliche Radl-Verleiher mit Stunden- oder Tagessätzen (siehe Infos S. 79).

Reisezeit

München ist ein Ganzjahresreiseziel. Am schönsten ist es ab Ostern bis kurz nach der Wiesn (zwischen April und Oktober). Ein reichhaltiges Kultur, Sport- und Shoppingangebot sorgt aber auch sonst dafür, dass hier keinem langweilig werden muss.

Shopping/Souvenirs

Vor allem die Andenkenläden in den Gassen rund ums Hofbräuhaus sind voller Nippes und Krimskrams: vom echten teuren Charivari (einer Trachten-Schmuckkette, die aus Silbermünzen und Medaillen, Hornscheiben, Tierpfoten oder Dachsbärten besteht) bis zu Billigimitaten von Gamsbart-Hüten, bei denen der Gamsbart aus Antilopenhaar und der Hirschzahn aus Plastik ist. Die Geschmäcker sind verschieden. Wer Wert auf Qualität, Design und regionale Produktion der Produkte legt, kann bei **Obacht** in der Ledererstr. 17 (http://obacht-web.de) oder **Servus Heimat** im Münchner Stadtmuseum (www.servusheimat.com) manch witzige Neuinterpretation eines Souvenirklassikers erwerben. Passende bayerische Lederhosen, aber auch Trachten, Dirndl oder Loden-Bekleidung kauft man am besten als Original in entsprechenden Fachgeschäften, will man auch zu Hause noch länger was davon haben. Auch

Hirmer, das größte Männermodehaus der Welt, hat sein Stammhaus in München gleich vis-a-vis den Türmen der Frauenkirche.

Info

Wetterdaten

	TAGES-TEMP. MAX.	TAGES-TEMP. MIN.	TAGE MIT NIEDER-SCHLAG	SONNEN-STUNDEN PRO TAG
Januar	2°	-5°	11	2
Februar	4°	-4°	9	3
März	8°	-1°	10	4
April	13°	3°	12	5
Mai	17°	7°	13	6
Juni	20°	10°	14	7
Juli	23°	12°	11	8
August	22°	12°	12	7
September	19°	9°	9	6
Oktober	14°	5°	8	4
November	7°	0°	10	2
Dezember	3°	-3°	11	2

Schmankerlpakete mit Brezn zum Selberaufbacken und Weißwürsten in der Dose sind überall erhältlich. Da lohnt es sich genauso, auf Qualität zu achten. Eine originelle Idee sind Mitbringsel von den ehemaligen königlich bayerischen Hoflieferanten (siehe Special S. 30).
Die meisten von ihnen haben ihre Geschäfte im Stadtzentrum wie das Delikatesshaus **Dallmayr** in der Dienerstraße 14, dessen kunstvoll dekorierte Auslagen allein schon einen Besuch wert sind. Für seine hohe Qualität bis weit über München hinaus bekannt ist auch der Öko-Brotbäcker **Hofpfister**, der seine Brote bis heute auf traditionelle Weise aus reinem Natursauerteig in Steinbacköfen doppelt lange backt. Eine Stunde vor Geschäftsschluss bilden sich jedes Mal lange Schlangen vor seinen fast 100 Filialen, denn dann ist Happy Hour und alles 30 Prozent günstiger zu haben.

Sport

Die **Allianz Arena** und das **Olympiastadion** gehören zu den innovativsten Stadien der Welt, aber auch im Breitensport bietet München beste Voraussetzungen. Am schönsten ist es, wenn man sich dafür die besten Kulissen aussucht: **Joggen** im Englischen Garten, **Tennis** auf gepflegten Rotsandplätzen im Schatten des großen Olympiastadions (Spiridon-Louis-Ring 21, www.olympiapark-muenchen.de), **Schwimmen** in der Olympiahalle oder in einem der stadtnahen Seen. Vor den Toren der Stadt liegen zudem herrliche **Segel-** und **Surfreviere** wie der Starnberger, der Ammer- und der Tegernsee. Wer ein richtiger **Surf-Profi** ist, kann es sogar mitten in München auf dem Eisbach am Haus der Kunst versuchen.
Sich in München das ganze Jahr über fit zu halten, muss übrigens nicht teuer sein. Bei städtischen Sportprogrammen braucht es keine Clubmitgliedschaft, auch Touristen können mitmachen. Von **Yoga**, **Qi Gong**, **Nordic Walking** und Fitnesstraining draußen im Park bis zu verschiedenen **Hallensportprogrammen** im Winter gibt es keine Verpflichtung zur regelmäßigen Teilnahme. Pro Trainingseinheit ist lediglich eine Teilnahmemarke im Wert von 2,50 Euro notwendig. Manche Kurse sind auch gratis (Freizeitsporttickets und Infos zu den Angeboten gibt es z.B. in der Stadtinformation im Rathaus am Marienplatz, www.sport-muenchen.de).

Telefon

Ländervorwahl 0049, Stadtvorwahl 089.
Wichtige Notrufnummern: Polizei 110, Feuerwehr 112, Notarzt 112, Sperr-Notruf, zentral für Kredit- und EC-Karten oder elektronischen Zugangsberechtigungen: 11 61 16.

Register

Fette Ziffern verweisen auf Abbildungen

Impressum

1. Auflage 2017

Verlag: DuMont Reiseverlag, Postfach 3151, 73751 Ostfildern, Tel. 0711/4502-0, Fax 0711/4502-135, www.dumontreise.de
Geschäftsführer: Dr. Thomas Brinkmann, Dr. Stephanie Mair-Huydts
Programmleitung: Birgit Borowski
Redaktion: Robert Fischer (www.vrb-muenchen.de)
Text: Margit Kohl
Exklusiv-Fotografie: Thomas Linkel (Fotoassistentin: Christina Falckenberg)
Zusätzliches Bildmaterial: S. 5 u. 114 o.l. iStockphoto/la_puma, 7 (Abb. 5) DuMont-Bildarchiv/Michael Campo, 20/21 Frank Heuer, 77 o.r. DuMont-Bildarchiv/Michael Campo, 104 o. Das Tegernsee, 105 o.l. Frank Heuer, 113 u. DuMont-Bildarchiv/Rainer Eisele, 114 o.M./r. iStockphoto/Druzhinina
Vektorgrafiken: iStockphoto (S. 22, 63, 81, 97, 113)
Hinweis: Rechts im Bild auf S. 53 zu sehen ist ein Werk von Willi Sitte, Arbeitspause, 1959 (© VG Bild-Kunst, Bonn 2017); in der Vitrine im Bildvordergrund sieht man chinesische Plakate (IISH/Stefan R. Landsberger Collections, chineseposters.net).
Grafische Konzeption, Art Direktion, Layout: fpm factor product münchen
Cover Gestaltung: Neue Gestaltung Berlin
Kartografie: © MAIRDUMONT GmbH & Co. KG, Ostfildern
Kartografie Lawall (Karten für „Unsere Favoriten")
DuMont Bildarchiv: Marco-Polo-Straße 1, 73760 Ostfildern, Tel. 0711/4502-266, Fax 0711/4502-1006, bildarchiv@mairdumont.com

 Erscheinungsweise: monatlich.

Anzeigenvermarktung: MAIRDUMONT MEDIA, Tel. 0711/4502-333, Fax 0711/4502-1012, media@mairdumont.com, http://media.mairdumont.com
Vertrieb Zeitschriftenhandel: PARTNER Medienservices GmbH, Postfach 810420, 70521 Stuttgart, Tel. 0711/7252-212, Fax 0711/7252-320
Vertrieb Abonnement: Leserservice DuMont Bildatlas, Zenit Pressevertrieb GmbH, Postfach 810640, 70523 Stuttgart, Tel. 0711/7252-265, Fax 0711/7252-333, dumontreise@zenit-presse.de
Vertrieb Buchhandel und Einzelhefte: MAIRDUMONT GmbH & Co KG, Marco-Polo-Straße 1, 73760 Ostfildern, Tel. 0711/4502-0, Fax 0711/4502-340
Reproduktionen: PPP Pre Print Partner GmbH & Co. KG, Köln
Druck und buchbinderische Verarbeitung: NEEF + STUMME premium printing GmbH & Co. KG, Wittingen, Printed in Germany

FSC
www.fsc.org
MIX
Papier aus verantwortungsvollen Quellen
FSC® C001857

Vorschau

Kanada Westen

Der Sog der Rockies
Eindrucksvolle Bilder von einer gewaltigen Berglandschaft.

Boomcity in Traumlage
Vancouver wächst rasant und ist eine der ethnisch buntesten Städte.

Die perfekte Welle
Kanada ist das ideale Land für Outdoorfans, folgen Sie unseren Aktivtipps!

Kärnten

Blaue Kronjuwelen
Wir präsentieren Ihnen die schönsten Badeseen.

Ein Zukunftsmodell?
Wie schützt man die Natur ohne den Menschen zu verbannen? Ein gutes Beispiel ist der Nationalpark Hohe Tauern.

Staunend wandern
Auf Lehrpfaden kann man herrlich wandern und gleichzeitig den Horizont erweitern.

www.dumontreise.de

Lieferbare Ausgaben

DEUTSCHLAND
119 Allgäu
092 Altmühltal
105 Bayerischer Wald
180 Berlin
162 Bodensee
175 Chiemgau, Berchtesgadener Land
013 Dresden, Sächsische Schweiz
152 Eifel, Aachen
157 Elbe und Weser, Bremen
168 Franken
020 Frankfurt, Rhein-Main
112 Freiburg, Basel, Colmar
028 Hamburg
026 Hannover zwischen Harz und Heide
042 Harz
023 Leipzig, Halle, Magdeburg
131 Lüneburger Heide, Wendland
188 Mecklenburgische Seen
038 Mecklenburg-Vorpommern
033 Mosel
190 München
047 Münsterland
015 Nordseeküste Schleswig-Holstein
006 Oberbayern
161 Odenwald, Heidelberg
035 Osnabrücker Land, Emsland
002 Ostfriesland, Oldenburger Land
164 Ostseeküste Mecklenburg-Vorpommern
154 Ostseeküste Schleswig-Holstein
136 Pfalz
040 Rhein zw. Köln und Mainz
185 Rhön
186 Rügen, Usedom, Hiddensee
137 Ruhrgebiet
149 Saarland
182 Sachsen
081 Sachsen-Anhalt
117 Sauerland, Siegerland
159 Schwarzwald Norden
045 Schwarzwald Süden
018 Spreewald, Lausitz
008 Stuttgart, Schwäbische Alb
141 Sylt, Amrum, Föhr
142 Teutoburger Wald
170 Thüringen
037 Weserbergland
173 Wiesbaden, Rheingau

BENELUX
156 Amsterdam
011 Flandern, Brüssel
179 Niederlande

FRANKREICH
177 Bretagne
021 Côte d'Azur
032 Elsass
009 Frankreich Süden Languedoc-Roussillon
019 Korsika
071 Normandie
001 Paris
115 Provence

GROSSBRITANNIEN/IRLAND
187 Irland
130 London
189 Schottland
030 Südengland

ITALIEN/MALTA/KROATIEN
181 Apulien, Kalabrien
017 Gardasee, Trentino
110 Golf von Neapel, Kampanien
163 Istrien, Kvarner Bucht
128 Italien, Norden
005 Kroatische Adriaküste
167 Malta
155 Oberitalienische Seen
158 Piemont, Turin
014 Rom
165 Sardinien
003 Sizilien
140 Südtirol
039 Toskana
091 Venedig, Venetien

GRIECHENLAND/ZYPERN/TÜRKEI
034 Istanbul
016 Kreta
176 Türkische Südküste, Antalya
148 Zypern

MITTEL- UND OSTEUROPA
104 Baltikum
094 Danzig, Ostsee, Masuren
169 Krakau, Breslau, Polen Süden
044 Prag

ÖSTERREICH/SCHWEIZ
004 Salzburger Land
192 Kärnten
139 Schweiz
144 Tirol
147 Wien

SPANIEN/PORTUGAL
043 Algarve
093 Andalusien
150 Barcelona
025 Gran Canaria, Fuerteventura, Lanzarote
172 Kanarische Inseln
124 Madeira
174 Mallorca
007 Spanien Norden, Jakobsweg
118 Teneriffa, La Palma, La Gomera , El Hierro

SKANDINAVIEN/NORDEUROPA
166 Dänemark
153 Hurtigruten
029 Island
099 Norwegen Norden
178 Norwegen Süden
151 Schweden Süden, Stockholm

LÄNDERÜBERGREIFENDE BÄNDE
123 Donau – Von der Quelle bis zur Mündung
112 Freiburg, Basel, Colmar

AUSSEREUROPÄISCHE ZIELE
183 Australien Osten, Sydney
109 Australien Süden, Westen
024 Dubai, Abu Dhabi, VAE
160 Florida
036 Indien
027 Israel, Palästina
111 Kalifornien
031 Kanada Osten
191 Kanada Westen
171 Kuba
022 Namibia
041 New York
184 Sri Lanka
048 Südafrika
012 Thailand
046 Vietnam